KB019852

십 년 후 주식

십 년 후 주식

초판 1쇄 인쇄 2024년 5월 15일
초판 1쇄 발행 2024년 5월 20일

지은이 오재화
발행인 전익균

이사 정정오, 김영진, 김기충
기획 조양제
편집 송희옥, 전민서
디자인 페이지제로
관리 이지현
마케팅 (주)새빛컴즈
유통 새빛북스

펴낸곳 도서출판 새빛
전화 (02) 2203-1996, (031) 427-4399 **팩스** (050) 4328-4393
출판문의 및 원고투고 이메일 svcoms@naver.com
등록번호 제215-92-61832호 **등록일자** 2010. 7. 12

가격 20,000원
ISBN 979-11-91517-72-9 03320

* 도서출판 새빛은 (주)새빛컴즈, 새빛에듀넷, 새빛북스, 에이원북스, 북클래스 브랜드를 운영하고 있습니다.
* 파본은 구입처에서 교환해 드리며, 관련 법령에 따라 환불해 드립니다.
  다만, 제품 훼손 시에는 환불이 불가능합니다.

십년후 주식

제2의 엔비디아를 찾는 법

오재화 지음

도서출판 새빛
SAEVIT

2016년 알파고와 이세돌의 바둑대결에 전 세계의 시선이 집중됐다. 인공지능(AI)은 이미 체스에서 우승을 차지한 적이 있지만 기물마다 움직임이 정해진 체스와는 달리, 바둑은 자유롭게 둘 수 있는 수가 무한대에 가까워 누가 우승할지 섣불리 예상하기 어려웠다. 알파고는 1,200대의 컴퓨터를 연결하여 어디에 두면 승리할지를 알고리즘으로 계산하며 게임에 임했다. 이세돌은 가끔 상대방이 왜 저런 수를 두지라며 당황하다가, 잠시후 앞의 수와 뒤의 수가 전략적으로 연결되는 것을 깨닫고 충격을 받은 표정이 아직도 생생하다. 터미네이터 영화처럼 인공지능이 인간을 지배할 날이 올 수도 있다는 생각이 들었고, 그날은 예상보다 빨리 왔다.

2022년 챗GPT 서비스가 공개되자, 세계는 불과 6년만에 인공지능의 엄청난 발전에 놀라워했다. 기존의 인터넷 서비스처럼 단순히 검색 결과를 보여주는 것이 아니라, 검색을 바탕으로 내용을 만들어내는 생성형AI가 등장한 것이다. 기술이 발전하더라도 창의성이 중요한 예술분야는 인간의 능력을 따라오지 못할 것으로 여겨졌으나, 생성형AI는 순식간에 음악과 미술작품을 만들어내고, 요구사항에 맞춰 다양하게 변형했다.

다행인 점은 터미네이터처럼 인류를 파괴하는 것이 아니라, 인류의 번영에 도움이 된다는 것이다. 그동안 인간이 하기 힘들었던 복잡한 계산과 데이터 분석, 결과 추론에 인공지능이 사용되면서 미래에는 기술발전의 범위가 확장되고 속도도 빨라질 것이다. 하지만, 이 책의 미래 전망은 현재의 가정에 근거한 예측으로서 실제 결과는 다를 수 있기에, 특정 주식에 대하여 투자권유를 하는 것이 아니다.

이 책의 목적은 현재의 기업, 기술, 사회 변화를 보여줌으로써 미래 투자에 필요한 사고능력이나 아이디어를 제시하여, 자신만의 투자원칙을 수립하는데 도움을 주는 것이다. 십 년 후에는 우리가 SF영화에서 보았던 꿈만 같던 장면을 현실세계에서 볼 수 있기를 기대한다.

오재화

차례

프롤로그   4

1부   십 년 후 유망 주식의 조건

신조어를 보면 유행을 알 수 있다   15

기업가치 순위는 변한다   19

미국기업의 높은 수익률   23

하이테크기업 전성시대   26

신생기업 가치는 단계적으로 점프한다   29

십 년, 숙성의 시간   31

투자 원칙   34

2부   통찰 : 좋은 기업을 찾는 눈

호기심은 문제 해결사   40

시도하지 않으면 정체된다   43

현재를 관찰하면 미래가 보인다   49

기록은 기억을 이긴다   53

사업을 재정의하라 57

새로운 시장을 창조하는 기업인가 62

연결고리를 찾아라 66

마인드맵, 연결을 만들어라 69

로직트리, 문제발생 이유와 해법찾기 73

좋은 질문을 하는 법 77

틀을 벗어나 상상하라 84

경청하고 공감하라 87

긍정적 사고는 삶의 원동력이다 91

직접 부딪치며 체험하라 95

변화를 발견해야 기회가 있다 99

몰입에 빠져들자 104

끝까지 한다 108

불가능을 수용하라 112

실패에서 배운다 118

유연하게 사고하라 122

직관은 지식과 경험에서 나온다 126

미니멀 라이프 129

꼬리에 꼬리를 무는 융합 독서 132

건강한 육체에 건전한 정신 135

3부 용기 : 불확실성과 손실위험을 무릅쓰고

1장   기업 이슈   140

될성부른 기업은 떡잎 때부터 투자하는 벤처캐피탈   141

낮은 매출을 해결할 수익창출 방안이 있는가?   145

의도된 적자는 괜찮다   149

현금고갈을 견딜 수 있는 회사   153

사고는 피할 수 없으나, 대처방법이 명운을 가른다   159

피할 수 없는 숙명인 특허분쟁   163

핵심인력은 갔지만, 나는 보내지 아니하였습니다   167

잘 나가는 회사에는 특별한 기업문화가 있다   171

불법과 합법의 경계인 내부자거래   175

진퇴양난 공매도   178

2장   인지 편향   181

비합리적 인간을 연구하는 행동경제학   182

최근 정보에만 의존하는 가용성 편향   184

보고 싶은 것만 보는 확증 편향   187

복지부동하는 현상유지 편향   190

선을 넘지 못하는 기준선 편향   193

친구 따라 강남가는 군집 편향   197

내가 제일 잘 나가는 과신 편향   200

잃고는 못 사는 손실회피 편향   203

패자는 말이 없는 생존자 편향   206

내 판단이 옳다는 선택지지 편향   208

이럴줄 알았다는 사후확신 편향   211

왜곡된 기억으로 인한 좋았던 옛날 편향   215

성인군자를 찾는 사회적 바람직함 편향   217

3장   판단 오류   220

전문가 가라사대, 권위 오류   221

하나를 보면 열을 아는 일반화 오류   225

발가락만 닮았는데 유추 오류   228

원인과 결과가 잘못된 인과 오류   231

뭉쳐도, 흩어져도 문제인 합성, 분할 오류   234

세상을 보는 왜곡된 창문인 액자 오류   237

이제 나올 때가 됐다고 믿는 도박사 오류   240

토마토는 채소인가, 과일인가, 범주화 오류   243

내 것이니까 특별한 소유효과 오류   247

우리반 평균 키가 높은 통계 오류   250

4장   투자 기준   254

투자 범위를 정해라   255

기업과 종목을 정해라 257

분산투자냐, 집중투자냐 그것이 문제로다 264

모든 것은 마음가짐에 달려있다 266

주위 사람이 스승이다 270

현실을 딛고 서서 미래를 보는 합리적 낙관주의 274

4부 인내 : 시장의 개화를 기다리며

1장   기업 변수 278

상용화 문턱을 넘어 281

차별화된 경쟁력 확보 284

1+1=1이 될 수도, 3이 될 수도 있는 합병 287

사기를 밝히는 공매도 리포트 291

영원히 숨길 수는 없는 회계 조작 294

남의 돈으로 호의호식하는 방만 경영 297

빚잔치로 끝나는 무리한 사업 확장 300

누가 대표이사가 될 상인가, 경영진 교체 302

2장   시장환경 변수   306

열길 물속은 알아도 경제지표는 알 수 없다   308

사업에 순풍이 될 수도, 역풍이 될 수도 있는 정책 변화   317

생사를 결정하는 규제   319

하늘 아래 두 개의 태양은 없는 국가 갈등   323

마음을 다스리는 심리   326

참고 기다려주는 인내   329

5부 결말 : 십 년 후에는...

기다림의 미학   335

기술이 진입 장벽   338

이긴 사람이 모두 갖는 승자 독식   341

한계를 모르는 장기 독점   345

에필로그   350

1년　　　　2년　　　　3년　　　　4년　　　　5년

1부

십 년 후 유망 주식의 조건

행복한 가정은 모두 비슷하지만, 불행한 가정은 저마다 다른 불행한 이유가 있듯이, 좋은 주식은 모두 경영자, 기술, 제품, 시장수요가 조화를 이룬 기업이다.

신조어를 보면
유행을 알 수 있다

2023년 옥스퍼드 사전에 등재된 올해의 단어는 이성적인 매력을 뜻하는 'rizz(리즈)'다. 사람을 휘어잡는 매력인 카리스마^{charisma}의 중간철자 ris를 rizz로 변형하여 십대들이 주로 사용한다고 하는데, 설명이 직관적으로 와닿지는 않는다. 문화가 달라서라고 치부하기에는 우리나라의 MZ세대가 사용하는 용어도 이해하기 어려운건 마찬가지다.

'어쩔티비'는 어쩌라는거야를 뜻하는 신조어로서 '어쩔'은 축약형임을 쉽게 알 수 있으나, 티비가 붙은 맥락을 알 수 없다. 기성세대가 훈계하는 것을 듣기 싫은 잔소리처럼 여겨 어쩔티비라고 말하는 것으로 볼 때, 티비^{TV}는 나이든 사람이나 보는 한물간 유물의 대명사로 사용한 것으로 추정된다. 만약 'rizz(리즈)'나 '어

'쩔티비'보다 '배고픈hungry과 화난angry을 결합하여 너무 배가 고파 화가날 지경을 뜻하는 2018년 옥스퍼드 사전 올해의 단어였던 'hangry(행그리)'가 더 친근하게 느껴진다면, 여러분도 신세대가 아닐 가능성이 높다.

젊은이가 신조어를 사용하는 세대라면, 주식시장은 신조어를 만들어내는 곳이다. 우리나라 주식시장은 상승을 이끄는 업종을 한데 묶어 차화정(자동차+화학+정유)이나, 태조이방원(태양광+조선+2차전지+방산+원전) 등을 만들어냈다. 반면, 미국은 주식시장 영향력이 큰 빅테크의 회사명을 따서 신조어를 만들었는데, 'FANG(팡, Facebook+Amazon+Netflix+Google)'이 시초다. FANG의 등장은 제조회사의 시대가 저물고 플랫폼회사가 새로운 왕좌로 등극함을 알리는 신호였다. 이런 회사들은 수많은 사람이 이용하는 기차역 플랫폼과 같은 곳을 온라인에 만들어, 이용하는 기업이나 고객이 대금을 지급하는 사업을 영위한다.

페이스북과 구글은 SNS, 인터넷검색, 동영상, 이메일을 이용하는 수십억명의 무료 이용자가 자산으로서, 기업으로부터 광고를 유치하여 수익을 창출한다. 아마존과 넷플릭스는 다른 회사가 제작한 상품이나 영화를 원하는 고객을 온라인으로 불러모아 사용료를 받는다. 수억명에서 수십억명에 이르는 막대한 고객 규모, 플랫폼만 구축해 놓으면 이탈없이 지속적으로 이용하는 높은 고객유지율, 신규고객이 추가되더라도 제조비용이 거의 발생하지 않아 매출의 절반 이상이 이익으로 계상되는 높은 수익률 등 기존 회사들과는 확연히 구별되는 새로운 기업의 등장이었다.

그 후 애플(A)이 추가되면서 FAANG으로 변경되었다가, 회사명이 바뀌고(구글(G)에서 알파벳(A)으로, 페이스북(F)에서 메타(M)로), 마이크로소프트도 추가되어 'MAMAA(마마, Microsoft+Alphabet+Meta+Apple+Amazon)'가 되었다. 잦은 용어 변경에 따른 혼란을 피하기 위해선지, 아니면 막대한 영향력을 강조하기 위해선지 2023년에는 엔비디아와 테슬라를 추가하여 웅장하고 위대한 7개 빅테크 기업인 'Magnificent7(매그니피센트 세븐)'을 만들어냈다. 코로나 종식과 디즈니플러스라는 경쟁사의 부상으로 가입자수가 정체된 넷플릭스는 제외된 반면, 성장률이 둔화하며 우량주로 전락했던 마이크로소프트는 클라우드와 인공지능이라는 신사업을 무기로, 엔비디아와 테슬라는 인공지능 반도체와 전기차 시장의 독보적 점유율 덕분에 편입되었다.

서부개척시대 전설적인 총잡이를 다룬 영화 '황야의 7인'에서 따 온 이름처럼 7개의 빅테크 기업은 높은 기술력과 압도적인 자금력을 바탕으로 후발기업이 따라오기 힘든 사업환경을 만들어, 사실상 시장을 독점하며 높은 수익률을 향유해왔다. 이에 보답하듯 2023년 주가상승률은 엔비디아 246%, 메타 184%, 테슬라 130%였다. 가장 낮은 상승률을 보인 애플도 54%로서 우량기업을 모은 S&P500 지수상승률인 25%보다 2배 이상 높았다. 지난

10년을 보더라도 제조회사에서 테크기업으로 주도권 이양은 거스를 수 없는 시대의 변화임이 분명해 보이지만, 언제까지 왕좌를 지킬 수 있을까?

기업가치 순위는 변한다

애플과 삼성전자. 현재 미국과 한국에서 기업가치가 가장 높은 주식이다. 그러나 10년 후에도 1위일까라는 질문에는 확답하기 어렵다. 미래에도 우량 주식일 수 있겠지만 기업가치는 1위를 못할 수 있는데, 연도별 기업가치 순위를 비교해보면 자명히 드러난다. 이는 기업의 경쟁력 저하 등 내부요인일 수도 있지만, 인구구조, 경제환경 등 외부요인에 따른 거스를 수 없는 변화다.

지금까지 대부분의 국가는 저개발국일때 농업, 광업 등 원재료를 판매하고, 개발도상국일때 제조업, 선진국일때 서비스업, 첨단산업 등으로 경제발전에 따라 유사한 산업변화 단계를 거쳤다. 우리나라도 주력 수출상품이 1970년대 의류에서 1980년대 가전제품, 1990년대 자동차, 2000년 조선, 2010년 반도체, 2020년 배

국내외 기업 가치 순위

구분	한국			세계		
	2000	2010	2020	2000	2010	2020
1	한국통신(KT)	**삼성전자**	**삼성전자**	제너럴일렉트릭	엑손모빌	**애플**
2	**삼성전자**	포스코	**SK하이닉스**	**인텔**	페트로차이나	**마이크로소프트**
3	SK텔레콤	현대차	**네이버**	**시스코**	**애플**	**알파벳(구글)**
4	한국전력	KB금융	삼성바이오로직스	**마이크로소프트**	중국공상은행	사우디아람코
5	포스코	한국전력	현대차	로열더치셀	차이나모바일	**아마존**
6	데이콤	신한지주	현대모비스	화이자	**마이크로소프트**	테슬라
7	현대전자	LG전자	셀트리온	엑손모빌	버크셔해서웨이	**메타(페이스북)**
8	삼성전기	현대모비스	**LG화학**	월마트	중국건설은행	**엔비디아**
9	KB금융	LG디스플레이	포스코	보다폰	월마트	버크셔해서웨이
10	LG전자	**LG화학**	삼성물산	노키아	*P&G*	대만TSMC

* **볼드체 : 하이테크기업**, *기울임체 : 미국기업*

터리 등으로 변화되었는데, 2020년부터 변화의 속도나 범위가 달라졌다. 과거에는 기존 기술에 하나씩 쌓아가는 점진적 발전이었다면, 2020년부터는 100명의 기술자가 1년동안 연구소에서 진행했던 실험을 인공지능이 하루만에 시뮬레이션을 통해 기술을 업그레이드하거나, 다른 기술과 융합하여 전혀 다른 새로운 기술을 만들어내면서 기술의 범위와 깊이가 심화되고 있다.

연극으로 치면 조명이 꺼지고 무대장치가 바뀌며 새로운 막이 열리는 것처럼, 기존 인식체계로는 이해할 수 없게 되어 새로운 패러다임으로 전환해야 할만큼 기술의 비약적인 발전이 나타날 때 우리는 산업혁명으로 구분했다. 18세기 1차산업혁명은 증기기관의 발명으로 철도를 통해 더 먼 거리를 이동하게 되고, 책을 통해 다양한 정보를 전달할 수 있었다. 19세기 2차산업혁명때는 전기를 통한 대량생산이 가능해졌고, 자동차가 보급되면서 인력과 화물의 이동이 편리해졌으며, TV를 통해 다양한 정보를 전달하였다.

20세기 3차산업혁명은 컴퓨터가 중심이 된 정보화 시대로, 휴대폰과 인터넷을 통해 24시간 소통하고, 항공기의 등장으로 국가 간 거리의 제약도 사라져 전세계가 하나의 생활권으로 연결되었다. 4차산업혁명이 시작되는 지금은 인공지능으로 사물인터넷, 무인자동차 등이 등장하면서 대화 상대방이 사람인지 로봇인지 구분하기 어렵고, 현실과 가상현실이 융합되는 과정에 있다. 미래의 과학기술은 인공지능과 슈퍼컴퓨터가 결합되어, 과거 100년의 기술발전보다 향후 10년의 기술발전이 더 큰 변화를 가져올 것이다.

십 년 후에는 어떤 주식이 유망할지는 앞서 살펴본 시가총액 변동을 보면 힌트를 찾을 수 있다. 한국의 2000년 기업순위를 보면 통신업이 많았으나, 최근에는 반도체, 인터넷 기업이 증가하였다. 세계 현황도 마찬가지로 2000년에는 정유, 통신업이 많았으나, 최근에는 상위 8개 기업이 하이테크기업이라는 특징이 있다.

또한, 세계시총 상위 국가를 보면 2010년에는 미국 6개, 중국

4개였으나, 2020년에는 미국이 8개로 압도적으로 많으며, 애플과 마이크로소프트를 제외한 알파벳 등 6개 기업은 2000년 전후에 설립되어 약 20년의 짧은 업력에도 불구하고 최근에 주가가 급등하며 상위기업에 등재되었다. 이러한 특징을 조합하면 미국, 하이테크, 신생기업이 10년 후 유망주식이 될 가능성이 높다.

미국기업의 높은 수익률

우량기업 중심의 S&P500지수는 2010년 1,257에서 2023년 4,769
으로 약 280% 증가했고, 기술기업 중심의 나스닥지수는 2,653에
서 2023년 15,011으로 약 460% 상승하였다. 2010년에 1억원을
S&P500에 투자했다면 현재 3억 8천만원, 나스닥에 투자했다면
5억 6천만원이 된다. 이렇게 높은 수익률이 가능한 이유는 미국
1위는 세계 1위가 될 가능성이 높기 때문인데, 어떻게 이게 가능
한걸까?

　우선, 미국은 최고의 교육환경을 보유하여 거의 모든 전공분
야에서 세계대학 순위 상위권을 차지한다. 또한 의대를 선호하는
우리나라와 달리 이공계를 중시하고, 이공계를 전공한 해외 유학
생들은 졸업 후에도 3년간 미국에서 취업이 허용되어, 전세계 고

학력 우수인력들이 본국으로 귀국하지 않고 미국에 정착하는 경우가 많아 최고의 인력풀을 보유하고 있다.

공무원, 전문직 등 안정적인 직업을 선호하는 우리나라와 달리, 미국은 취업보다는 창업을 선호한다. 마이크로소프트의 빌게이츠, 메타의 주커버그 이들의 공통점은 창업을 위해 대학을 중퇴했다는 점인데, 그것도 세계 최고의 대학인 하버드를 말이다. 이는 모험심이나 도전정신을 중시하는 미국문화와 관련이 있으며, 그 배경에는 이민자의 나라라는 미국의 특성이 있다. 이민을 간다는건 실업, 생활고 등 자국에서 경제적 어려움으로 인해 새로운 환경을 찾아 떠나는 것이다. 유럽인들은 흉년에 따른 대기근, 전염병 등을 피해 뉴욕 등 동부로, 중국 등 아시아인들은 철도, 교량 등 건설 인부로 취직하기 위해 서부로 이주했다.

제대로 된 통신수단도, 교통수단도 없던 시절에 수개월간 배를 타고 이주하고, 언어도 음식도 다른 타국에서 적응하는 것은 매일 실패와 도전의 연속이었으리라. 그래서 미국은 실패에 관대하고 지속적인 시도를 장려한다. 스티브 잡스나 빌 게이츠는 자신의 차고에서 창업하였으며, 일론 머스크는 테슬라, 스페이스엑스, 뉴럴링크 등을 연쇄적으로 설립하여 경영 중이다. 또한 실리콘밸리의 벤처캐피탈, 뉴욕의 투자은행 등 세계 최고의 금융기관은 투자자금을 지원하는 것뿐만 아니라, 제품개발, 판매, 채용 등 경영 전반에 체계적이고 전문적인 지원을 제공한다.

성공시 막대한 보상도 창업의 주요 동기 중 하나다. 지금은 돈의 가치가 낮아져 백만달러의 자산을 보유한 백만장자가 흔해졌다 하더라도, 미국의 백만장자는 2,300만명으로, 2위부터~10위까지 국가의 백만장자를 합친 것보다 압도적으로 많은 1위다. 부모로부터 물려받지 않고 자수성가한 백만장자를 기준으로 하면 격차가 더욱 확대될 것이다. 거대한 소비시장, M&A시장 덕분에 제품 매출이 증가하면 기업을 주식시장에 상장하거나, 타 회사에 매각함으로써 창업자는 천문학적인 수익을 얻는다. 구글이 유튜브를 2조원에 인수하거나, 알파고로 유명한 인공지능회사 딥마인드를 7천억원에 인수하는 사례에서 보듯이, 벤처기업 창업자는 기술력만으로도 막대한 부를 축적할 수 있다. 따라서, 유능한 인재들이 모여들어 회사를 만들고, 혹독한 경쟁에서 살아남기 위해 협력하는 과정을 거친 기업이 세계 1위가 되는 것은 당연한 결과일지 모른다.

하이테크기업 전성시대

하이테크기업을 한마디로 정의하면 기술적 혁신을 통해 기존에 없던 제품을 창조하거나, 과거와 전혀 다른 방식으로 제품을 개발하여 고객에게 놀라운 경험을 제공하는 회사다. 아이폰 최초 출시 발표장에서 스티브 잡스는 이제 더 이상 전화기, MP3, 노트북을 따로 들고 다닐 필요가 없다며 청바지 주머니에서 아이폰을 꺼내 보여줌으로써 엄청난 화제를 몰고 왔다. 마이크로소프트 역시 복잡한 명령어 대신 마우스 클릭만으로 작동하는 편리함을 무기로, 전세계 모든 컴퓨터 운영체제를 장악할 수 있었다.

당연히, 이들 기업의 가장 큰 자산은 기술이다. 전통적 기업은 공장, 하청업체 등이 중요한 자산인 데 반해, 하이테크기업은 공장이 없거나 혁신적 방식으로 생산하다. 애플은 제품을 설계할

뿐 생산은 대만 등에서 담당하며, 테슬라는 엔진 대신 모터를 장착하고, 부품수를 획기적으로 줄이며, 배터리를 차량 구조물로 사용함으로써 100년 역사의 자동차산업을 송두리째 바꿔 놓았다. 인터넷 기업은 판매제품 대신 서비스를 제공하는데, 구글은 이메일, 검색시스템, 유튜브 등을, 메타는 페이스북, 인스타그램, 왓츠앱 등의 SNS를 무료로 제공한다.

데이터를 저장하는 서버 운영에도 막대한 비용이 발생함에도 불구하고, 이들이 무료로 서비스를 제공할 수 있는 이유는 막대한 광고수입 덕분이다. 구글은 총수입 360조 중 80%가, 메타는 총수입 150조 중 97%가 광고수입이다. 차별화된 서비스를 통해 사용자가 자사의 서비스를 지속 이용하게 만들고, 대규모 사용자를 바탕으로 광고를 유치한다.

복사기를 만드는 제록스XEROX는 회사 이름이 복사하다는 영어단어가 된 것처럼 구글GOOGLE 역시 검색하다라는 영어단어가 될 수 있었던 것은, 사용자의 의도를 파악해 최적화된 검색 결과를 제공하는 알고리즘으로 검색시장을 장악하였기 때문이다. 우선, 전세계 웹사이트를 돌아다니며 텍스트, 이미지, 영상을 다운로드한 후, 수집 정보에 색인을 붙여 정보검색이 용이하도록 분류한다. 그 후, 콘텐츠의 최신성, 품질, 신뢰성 등에 따라 중요도를 차등하여 가중치를 부여하고 순위대로 페이지에 표출한다. 정보출처를 알 수 없는 자료보다는 전문학술기관의 자료를 더 신뢰할 수 있기 때문이다.

이렇게 독보적인 능력으로 경쟁자의 진입을 막는 자기회사만의 강력한 경쟁력을 경제적 해자라고 하는데, 원래 뜻은 적군의 공격으로부터 성을 방어하기 위해 성벽 둘레에 물로 채운 참호를 말한다. 대표적인 해자로는 기술, 브랜드와 같은 무형자산이 있는데, 높은 기술과 자본이 요구되는 항공기 시장은 보잉과 에어버스가 과점한 것이나, 샤넬같은 명품 브랜드는 억대의 가격에도 불구하고 구매자가 줄을 서는 것이 좋은 사례다. 낮은 비용도 중요한 해자인데 구글과 메타는 무료로 제공되고 있어, 새로운 회사가 많은 개발비용을 들여 시장에 진입하더라도 수입을 얻을 수 없는 구조이므로 진입하려는 회사가 없다.

카카오톡처럼 더 많은 사용자가 참여할수록 제품의 가치가 높아지는 네트워크 경쟁력이나, 기존 서비스 환경에 익숙한 이용자들이 다른 서비스로 갈아타기를 주저하는 전환비용도 경제적 해자로 작용한다. 예를 들어 엑셀, 파워포인트보다 더 뛰어난 계산 능력과 다채로운 화면구성이 가능한 프로그램이 나오더라도, 낯선 기능과 작업방식을 배우는데 많은 노력과 시간이 들기 때문에 굳이 바꾸려 하지 않는 것이다. 대규모로 운영하면 비용이 낮아지는 규모의 경제도 강력한 무기인데, 코스트코가 온라인 쇼핑 활성화에도 불구하고 대량 매입, 최저 마진을 통해 높은 매출 성장률을 유지하는 것이 이에 해당한다.

신생기업 가치는
단계적으로 점프한다

애플의 시가총액은 4천조다. 어느 정도 금액인지 감이 오지 않는
다면, 애플 주식의 약 절반을 팔면 한국 코스피, 코스닥에 상장
된 약 2,500개 기업 전부를 살 수 있다는 뜻이다. 2023년 우리나
라 예산이 640조니, 애플 주식을 모두 팔면 우리나라 6년 동안
의 운영비를 충당할 수 있다. 애플이 좋은 기업이라는 점은 인정
하지만, 십 년 후에 애플 주가가 2배로 오를지는 의문이다. 8천조
라는 시가총액 자체도 상상하기 힘든 규모이고, 기업가치는 완만
하게 우상향으로 증가하는 것이 아니라 기술개발, 시제품 출시,
제품판매, 후속제품 흥행 등 단계별로 급등하는 특징 때문이다.

　기술개발 과정에는 수많은 난관에 봉착하는데, 모든 어려움
을 극복하고 기술을 완성하더라도 실험실에서만 성립하는 가능

성에 불과하다. 이 기술을 사용하여 시험제품을 만들고 제한된 환경하에서 작동함을 보인다면, 더 이상 상상이 아닌 눈앞의 현실로 증명되면서 기업가치가 급등하는 첫단계를 맞는다. 두번째 단계는 실제 크기의 제품 출시로, 모형 테스트에서 발견된 문제점들을 개선하여 제한된 환경이 아닌 일상생활에서 사용이 가능하게 만들면, 이제부터 매출이 발생하므로 주가가 도약하는 계기가 된다.

세번째 단계는 대량생산으로서 제품을 최초로 출시한 후의 성능 저하, 내구성 부실, 오류 발생 등 품질 문제를 개선한다. 제품 규격화를 통해 동일한 성능의 제품을 낮은 가격으로 생산하게 되면 매출이 급증하여 순이익이 적자에서 흑자로 전환하면서 기업가치도 재평가받는다. 마지막으로 동일 절차를 반복하며 후속 제품 대량생산에 성공한 경우, 일회성 성공이 아닌 지속적인 성장기업으로 인정받으며 기업가치가 다시 한번 급등한다.

테슬라는 제품 출시 후 자동차 화재, 자율주행 사고 등으로 주가가 급락하기도 했다. 그러나, 대량생산 성공, 해외공장 건설, 흑자 전환, 후속제품 출시 등에 성공하면서 주가가 2011년 $1.3에서, 2022년 $123으로 100배 가까이 급등하였다.

십 년, 숙성의 기간

위렌 버핏은 11살에 주식투자를 시작하여 50살이 되던 해에는 이미 재산이 4천억이 넘는 부자가 되었고, 그 후 40년이 지나 90살이 되었을 때 재산은 100조가 되었다. 전반기 40년간의 재산이, 후반기 40년 재산의 1%에도 미치지 못하는 것은 투자실력이 없어서가 아니라 복리의 마법 때문이다. 복리는 원금에 수익이 합해진 금액이 다시 투자되면서, 시간이 갈수록 자산이 눈덩이처럼 불어난다.

100년전 방식처럼 장인이 수작업으로 만든 명품 핸드백이 있는가 하면 최신 기술을 탑재한 스마트폰도 출시되듯이, 기술 수명이 몇 년이라 단정할 수는 없지만 과거 대비 점점 짧아지는 것은 분명하다. 최근에는 인공지능이 스스로 학습하여 해결방안을 제시하는 단계에 이르면서 기술개발 속도가 가속화되고 있다. 하지만, 개발기간이 무한정으로 단축되는 것은 불가능한데 인공지능은 시뮬레이션을 통해 모형을 개발하는 기간은 단축할 수 있으나, 제품출시, 대량생산을 위해서는 여전히 출시-오류-개선의 단계를 현실에서 반복적으로 수행해야 하기 때문이다.

그렇다면 십 년 후가 아닌 이십 년 후에 상용화되는 기업에 투자하면 더 많은 수익을 볼 수 있으리라 생각이 들 수 있다. 아쉽게도 그렇게 먼 미래의 기술은 기초적인 아이디어 단계에 불과하여 모형개발에 성공할지조차 불투명하다. 반면 십 년 후의 미래기술은 현재 활발히 연구중이거나 실험실의 제한된 환경에서는 개발에 성공한 수준이어서, 향후 성공가능성을 어느 정도 예측할 수 있다. 아직 제품이 출시되지 않았지만, 2030년에는 인공위성을 기반으로 하는 6G통신, 공항과 도심을 연결하는 에어택시 등이 출현할 것이라고 누구나 추정하듯이 말이다.

우리는 돈으로 시간을 산다. 버스 대신 택시로 이동시간을 줄이고, 배달음식으로 요리시간을 절약한다. 하지만 투자는 시간으로 돈을 사는 행위이며, 십 년 후 수익률에 성공가능성을 곱하면 투자에서 예상되는 기대수익률을 계산할 수 있다. 10년후 수익률이 100%, 성공가능성이 50%인 A회사와 수익률이 500%, 성공가능성이 10%인 B회사의 기대수익률은 50%로 동일하다. 수익이란 위험과 불확실성에 대한 대가이기에 성공가능성이 낮을수록 수익률은 높아진다. 그러므로, 자신의 투자성향에 따라 위험을 싫어하는 투자자는 저위험 저수익 회사에, 도전적인 성향의 투자자는 고위험 고수익 회사에 투자하면 된다.

투자 원칙

십 년 후 전성기를 맞이할 미국의 신생 하이테크기업을 찾아 투자하고 싶은데, 기업이 생명체처럼 계속 변화한다면 미래를 예측할 수 있을까? 질문을 바꿔서 아마존은 무슨 회사인가라는 질문에 온라인쇼핑회사라고 대답한다면 10년전이라면 맞는 얘기일지도 모른다. 아마존은 인터넷 서점으로 시작하여, A에서 Z까지 화살표 로고가 상징하듯 모든 물건을 판매하는 온라인 쇼핑몰이 되었다. 그러나 최근 영업이익의 절반 이상은 인터넷상의 컴퓨터인 클라우드 서비스에서 나오며, 자율주행차 개발, 영상 제작 같은 미디어 사업도 수행중이라서, 아마존을 온라인 쇼핑회사로 규정하기에는 너무 좁다.

이는 아마존에만 국한된 것이 아니라 구글과 메타는 증강현실, 가상현실에 사용되는 안경을 개발중이고, 마이크로소프트는 인공지능을 개발 중이다. 이와 같이 기업 간 사업영역이 겹치고, 산업 간 경계도 모호해지면서 기업의 정체성이 무엇인지 규정할 수 없게 되어, 십 년 후 기업의 모습을 예측하기가 점점 어려워지고 있다.

하지만 다행인 것은, 이런 불확실성에도 불구하고 좋은 기업을 찾아, 싸게 사서, 오래 보유하는 투자원칙은 변하지 않기에, 이에 필요한 3가지 능력인 좋은 기업을 찾아내는 통찰, 주가가 하락해도 싸게 사는 용기, 주가 급등락에도 흔들림 없이 장기 보유하는 인내도 여전히 유효하다. 그렇다면, "내가 왕이 될 상인가"라는 영화대사처럼 십 년 후 빅테크기업으로 성장할 기업을 선별하는 통찰력부터 알아보자.

1년　　　2년　　　3년　　　4년　　　5년

2부

통찰, 좋은 기업을 찾는 눈

힌두교의 신 시바처럼 제3의 눈을 가질 수는 없지만,
자세히 관찰하고, 틀을 벗어나 상상하며, 연결고리를 찾다보면,
보이는 것 너머를 볼 수 있는 통찰력이 발현된다.

왕관이 순금으로 만들어졌는지 어떻게 알 수 있을까를 고민하던 아르키메데스는 욕조의 물이 자신의 몸무게만큼 넘치는 것을 보고 비중의 개념을 깨닫고 유레카를 외쳤다. 좋은 기업을 발굴하는 데 필요한 능력인 통찰은 아쉽게도 남에게 배울 수 있는 기술이 아니다. 통찰은 예리한 관찰력으로 사물을 꿰뚫어 본다는 뜻으로, 동서고금을 막론하고 종교, 철학에서 인간이 이루고자 하는 최고의 깨달음 단계다.

불교에서는 엄격한 계율로 도덕과 법규를 준수하고, 참선을 통해 정신을 집중하여 만물의 이치에 관해 깊이 탐구하면 깨달음을 얻을 수 있다고 하였다. 명상도 참된 자아를 깨닫는 통찰의 과정인데, 얼핏 보면 요가와 관련 있는 힌두교가 연상되지만, 성경 구절을 속으로 음미하며 조용히 생각하는 묵상기도를 의미하는 단어였다. 눈과 마음을 통해 보이는 것 너머의 본질을 보고, 숲과 나무를 동시에 볼 수 있는 통찰력은 어떻게 기를 수 있을까?

호기심은 문제 해결사

진정한 가치를 깨닫게 되는 순간을 뜻하는 아하 모멘트aha-moment
는 갑자기 뇌리에 꽂혔다고 착각하기 쉬우나, 무의식 속에서 발
생하여 알아차리지 못했을 뿐 끊임없는 두뇌활동을 통해 발생한
다. 우리 뇌는 지식이나 사고를 담당하는 좌뇌와 감정, 예술을 담
당하는 우뇌로 나뉘는데, 새로운 정보, 경험이 들어오거나 기존
정보가 새롭게 결합했을 때 뇌는 신호를 주고받으며 시너지 효과
를 발생시켜 사고능력이 향상된다.

　호기심은 인류의 생존과 직결되어 무엇이 먹을 수 있는 것인
지, 무엇이 위험한지를 몸소 체험하며 습득하였는데, 이런 호기심
엔 대가가 따랐다. 독초를 처음 먹거나, 맹수와 마주친 사람은 죽
음을 맞이했고, 동료의 죽음을 목격한 후 안전을 위해 소극적, 회

피적 삶을 살아가는 인간이 생겨났다. 이들은 호기심의 부정적인 면을 언급하며, '모르는게 약이다.' '가만히 있으면 중간은 간다.' 등 호기심으로 인한 피해를 강조했다.

하지만, 용감한 인간의 호기심 덕분에 무엇이 유익하고 무엇이 위험한지 학습하게 되면서, 인류는 현재까지 진화할 수 있었다. 수백년전 지구는 평평하고, 바다의 끝에는 낭떠러지가 있다고 믿던 시절의 신대륙 탐험부터, 밤하늘의 별을 보며 우주의 비밀을 탐험하는 현재까지 호기심은 탐험의 주된 원동력이었다. 화성의 생명체를 탐사하는 자동차가 큐리오시티^{curiosity}인 것도 우연은 아니리라.

어린이가 가장 많이 하는 질문은 "왜"이다. 왜 하늘은 파랗고, 왜 파도는 계속 치는지 등 주위의 모든 것이 궁금하다가 학교에 입학하면서부터 달라진다. 십여 년간 복잡하게 꼬인 문제를 정확하게 빨리 푸는 연습을 하며 과정보다는 결과를 중요시하도록 훈련받기 때문이다. 펜으로 그림을 그리는 동영상을 보여주고 최종 그림이 무엇일지 추측하는 실험에서 호기심이 적은 사람은 건너뛰기를 하며 결과를 즉각 확인하는 반면, 호기심이 많은 사람은 그림이 완성되는 과정을 지켜보며 추측을 이어나간다. 호기심은 결과만 중시하는 것이 아니라, 결과에 이르는 과정도 즐기게 만든다. 통찰에 필요한 것은 빨리 정답을 찾아내는 신속성이 아니라, 약간의 실마리를 가지고 다음 단계를 다양하게 추측하는 능력이다. 미래 기술이 발전할수록 정치, 경제, 사회 문제도 새로운 형태로 진화하게 되므로, 기존의 정답은 더 이상 의미가 없어지기 때문이다.

실리콘밸리 고속도로에 '오일러수의 첫 10자리소수.com'이라는 광고판이 설치되었다. 대부분의 사람은 장난으로 치부하며 지나쳤고, 호기심이 생긴 일부 사람들은 인터넷으로 정답을 검색했지만 찾을 수 없어 포기했다. 하지만 호기심이 강한 사람은 다양한 시도 끝에 답을 찾아내어 인터넷에 7427466391.com을 입력하자, 축하 메시지가 나왔다. 그리고, 4개의 숫자를 보여주며 나머지 6개 숫자를 추측해서 합이 49가 되는 오일러수를 찾으라는 수학문제가 나왔다. 두번째 문제도 호기심을 갖고 풀고 나면 이 숫자는 이력서 제출 웹사이트의 로그인 암호였다. 호기심을 중요한 요소로 여겼던 창업 초기의 이 회사는, 그로부터 20년 후 세계 최고기업이 된 구글이었다.

시도하지 않으면 정체된다

인생의 체감속도는 나이에 따라 달라지는데 10대 때는 시속 10km에 불과하지만, 70대 때는 시속 70km처럼 빨라서 한 것도 없이 하루가 지나간다. 젊을 때는 처음 경험하는 일이 많아 머릿속에 저장하는 데이터가 많으므로 하루가 길게 느껴지지만, 나이가 들어서는 매일 일상이 똑같아 일년동안 새롭게 저장할 데이터가 적어 짧게 느껴지고, 새로운 경험이 없으니 할 수 있는 얘기도 과거의 기억뿐이다.

　'나 때는 말이야(Latte is a horse.)'의 "나 때는"은 비슷한 영어발음인 "Latte"로, "말이야"는 영어단어 "horse"를 조합한 것으로, 기성세대의 고리타분함을 비꼴 때 사용하는 표현이다. 기성세대가 고집불통이어서가 아니라 정말 다 해봤고 그런 방식이 맞았을 수도 있다. 하지만, 지금은 유선전화기를 사용하고 흑백TV를 보던 시절이 아닌 스마트폰을 사용하고, 로봇이 일하는 시대다.

기성세대와 신세대가 달탐사 관련 보고서를 작성한다고 가정해보자. 기성세대는 도서관으로 가서 책과 신문을 통해 옛날 아폴로 우주선이 달에 도착했던 시절의 흑백자료를 찾고, TV를 통해 뉴스를 본 그날의 감동을 덧붙여 손글씨로 보고서를 작성할 것이다. 신세대는 책상에 앉아 유튜브로 아폴로 흑백영상부터 최근의 무인 달착륙 영상까지 찾아보고, 챗GPT에게 동영상, 사진, 글이 어우러지는 보고서를 쓰도록 명령한다.

기성세대는 발로 뛰어서 조사한 땀이 배어있는 정보가 생생한 정보며 가치가 있다고 자위하지만, 속마음은 다를 것이다. 자신이 많은 시간과 노력을 들여 수집한 자료는 새로울게 없는 흑백의 구식자료인 데 반해, 신세대의 자료는 다양하고 화려한 최신 자료이며, 심지어 인공지능이 비서처럼 보고서를 썼다는 사실에 충격을 받을 것이다. 그럼에도 불구하고 '이 나이에 뭘'. '귀찮아서' 등 이런저런 핑계로 새로운 것을 배우거나 해보려 하지는 않을 것이다.

하지만, 십 년 후에 그때라도 할걸 하며 후회하지 않으려면, 지금 당장 익숙한 것에서 벗어나는 것부터 시작해야 한다. 익숙한 것을 지속한다면 십 년 후에도 오늘의 나와 똑같은 모습일테니, 십 년 후 다른 인생을 살고 싶다면 지금까지의 나와는 다른 방식으로 살아야 한다. 너무 익숙해서 안정감을 느끼는 컴포트 존comfort zone을 벗어나는 것은 불편하고 많은 용기가 필요하지만, 그것을 극복하면 더 큰 기회가 열린다.

"누가 내 치즈를 옮겼을까?"에 등장하는 두마리 쥐 A, B는 열심히 치즈를 찾으러 다닌 결과 거대한 치즈 창고를 발견한다. A는 그동안 열심히 일했으니 평생 먹고도 남을 창고의 치즈를 보며 행복을 즐겼으나, B는 치즈를 먹으면서도 다른 치즈창고를 찾는 일을 계속했다. 어느날 치즈 창고가 텅 비어 있자 A는 텅빈 창고에 남아 화를 냈으나, B는 언제나처럼 새로운 창고를 찾는 일을 계속하여 또 다른 치즈창고를 찾을 수 있었다.

과거의 추억에 빠져 살지, 미래의 희망을 꿈꾸며 살지는 오롯이 자신의 선택에 달려있으며, 십 년 후 성장과 발전을 꿈꾼다면 행동의 컴포트존을 벗어나야 한다. 매일 똑같은 길로 출퇴근 했다면 다른 길을 택하고, 지하철을 타고 다녔다면 버스로, 자전거 대신 걸어서, 아는 길보다 새로 생긴 길로 가보면 알지 못했던 변화가 보일 것이다. 전에 없던 식당이 생겨나고, 긴 줄이 서 있는 상점을 보면서 요즘 유행은 뭔지, 사람들이 무엇을 좋아하는지 알게 된다. 유행은 같은 시대의 사람들이 음식, 패션, 음악 등 생활양식에서 공유하는 문화이기 때문에 유행을 파악하면 사람들의 생각이나 취향을 알 수 있고, 이런 연습을 반복하면 유행의 변화를 예측하는 통찰력이 생기게 된다.

다음으로, 인간관계의 컴포트존도 벗어나야 한다. 사람들은 자신과 같은 학교를 졸업하고, 같은 취미를 가지며, 같은 회사에 다니는 사람을 선호한다. 경제적, 사회적 배경이 높은 사람들에게는 자격지심이 느껴지고, 낮은 사람들은 급이 맞지 않는 것 같다. 그래서 비슷한 수준의 사람을 만나는 것은 심적인 안정감과 편안함을 주지만, 불행히도 성장의 기회는 앗아간다. 내 곁에 있는 가족이나 친구를 만나지 말라는 것이 아니며, 영업사원도 아닌데 매번 새로운 사람을 만나라는 것이 아니다. 한달에 한번이라도 다른 회사사람과 만나서 식사를 하거나, 평소 훌륭하다고 느꼈던 사람의 강연을 들어보라는 것이다.

뇌는 새로운 자극이 있을 때만, 기존의 사고체계와 다름을 인식하고 업그레이드하게 된다. 일상이 매일 똑같고, 자신의 예상대로 진행된다면 뇌에는 아무런 변화가 기록되지 않고, 이것이 반복되면 사고능력이 편협해져서 자신만 옳다는 착각에 빠지기 쉽다. 그래서 수많은 위성사진을 통해 지구가 둥글다는 것이 입증됐는데도 지구는 평평하다거나, 태양이 지구 주위를 돈다는 등 아직도 기본적인 과학적인 사실조차 받아들이지 않는 사람도 있는 것이다.

기업도 마찬가지인데, 현재의 사업이 한계에 부딪히거나 시장 환경이 변화하고 있을 때, 기존의 방식을 버리고 새로운 전환을 시도하는 것을 피봇이라고 한다. 원래 피봇은 농구 같은 구기종목에서 한발을 중심으로 다른 발을 회전하는 것을 뜻하는데, 이제는 기업이 주력사업을 바꾸는 경영전략도 지칭하게 되었다. 피봇을 통해 기존 사업모델에 새로운 서비스를 추가하거나 사업범위를 확장하여 성공한 사례는 흔하다.

중고거래가 활발한 미국에서 부피가 큰 물건을 구입하면 자동차 지붕 위에 밧줄로 묶어서 운반하는 경우가 있는데, 직접 운전하는 사람도, 도로에서 이 장면을 목격하는 사람도 불안하다. 미국 아마존 매트리스 온라인 판매 1위를 달성한 지누스는 텐트를 만드는 회사였으나 코로나로 매출이 감소하자, 무겁고 부피가 커서 운반이 어려운 매트리스 사업에 주목하였다. 지누스는 압축 포장기술을 활용하여 매트리스를 카펫처럼 동그랗게 말아서 압축 포장에 성공하였고, 고객이 포장을 풀면 압축 매트리스가 원래 상태로 천천히 부풀어 오르는 기술로 매출이 급성장하였다.

유튜브도 처음에는 이상형 영상을 올리면 이성을 연결해주는 비디오 데이팅 서비스였다. 그러나 사람들이 데이트보다 자신의 일상을 올리는 동영상에 관심을 보이자, 모든 유형의 동영상을 게시하는 사업으로 범위를 확장했다. 그 후, 강의, 제품리뷰, 여행 등 다양한 주제의 동영상이 게시되고, 스마트폰 확산으로 장소에 상관없이 시청이 가능해지면서 사업이 본궤도에 오를 수 있었다. 또한 회사가 벌어들인 광고수입을 동영상 제작자와 공유하는 전략을 도입하여 다양한 아이디어로 무장한 제작자들이 고품질의 창작물을 게시하면서 수십억대의 수입을 올렸다. 연예인보다 유명한 인플루언서가 등장하였고, 연예인도 팬과의 소통, 신규 수입창출 등의 목적으로 유튜브 활동에 뛰어들면서 유튜브 시장은 폭발적으로 성장하였다.

십 년 후 미래를 통찰하고 싶다면 지금부터 다른 행동과 생각을 시도해야 한다. 그렇지 않고, 나와 생각이 비슷한 사람만 만나고, "내가 해봐서 아는데 안 돼. 옛날부터 해오던 방식으로 해"라고 현재 방식만 고집한다면, 미래 사람이 인공지능 비서와 로봇에게 명령을 내릴 때, 자신만 지금 방식대로 인터넷을 검색하여 문서를 직접 작성하고 있을지도 모른다.

현재를 관찰하면
미래가 보인다

오늘 버스, 지하철, 횡단보도에서 마주친 사람 중 얼굴이나 옷차림이 기억나는 사람이 몇 명이나 되는가? 수백명의 사람을 봤을 테지만 기억에 남는 사람은 거의 없는 반면, 자신이 좋아하는 사람의 액세서리, 머리모양, 상처 등 작은 변화는 쉽게 알아차릴 수 있다. 관찰은 관심을 가지고 자세히 살펴보는 것이기에 다른 사람의 눈에는 보이지 않는 것도, 관찰자는 발견해낼 수 있는데, 이제는 눈으로 관찰하는 것보다 빅데이터를 관찰하는 것이 더 중요해졌다.

여고생 딸이 출산용품 할인 쿠폰을 받자, 아버지는 쇼핑몰을 찾아 항의했고 직원은 죄송하다고 사과했다. 그러나 몇 달 후 딸의 임신이 밝혀지고 나서 어떻게 미리 알았는지 문의하자, 빈혈 등 비타민 구매가 갑자기 증가한 데이터를 바탕으로 임신을 예측하여 관련 상품을 광고했다고 대답했다. 이제는 와인도 양조업자가 맛을 보고 시장을 예측하는 것이 아니라, 포도가 풍작, 흉작일 때의 날씨, 맛 등의 데이터를 분석해, 와인시장의 가격을 예측하는 시대다.

빅데이터 분석은 거래기록 등 정형화된 데이터뿐만 아니라, SNS, 사진, 동영상 등 모든 종류의 데이터를 수집하여 다양한 모델로 분석하는 것을 말한다. 과거에는 구매이력이나 검색정보를 바탕으로 상품을 추천하거나, 소비자 반응을 평가하는 마케팅 수단으로 주로 사용되었으나. 이제는 개인의 생활습관, 선호음식 등을 분석하여 질병 조기진단, 환자 맞춤형 치료에 사용되고, 날씨, 전력사용 패턴 등을 분석하여 발전설비 건설 계획을 수립하는 등 모든 분야에서 활용하는 필수도구가 되었다.

코로나는 많은 산업환경의 변화를 가져왔는데, 빅데이터는 코로나 증상이 나타나면 기침, 발열 등 코로나 관련 검색 증가를 바탕으로 시간별 지역별 코로나 확산을 예측하거나, 기존 치료약이 소용없는 변이 출현시 신속하게 신약을 개발하는데 사용되었다. 또한 빅데이터를 활용하면 금융거래 패턴을 분석하여 신용등급의 변화를 예측하거나, 금융사기 등 이상거래 징후를 파악하여 사전에 예방할 수도 있다. 영화 마이너리티 리포트에서는 예언자가 미래 범죄현장을 보면 경찰이 출동하여 범죄 발생전 범인을 체포하는 장면이 나오는데, 데이터에 기반한 미래예측은 더 이상 꿈이 아니게 되었다.

반지의 제왕에서 사물을 들여다보는 마법의 수정구슬에서 이름을 따온 팔란티어는 데이터를 분석해 범죄를 예측하는 회사로 알카에다 지도자인 빈 라덴의 은신처를 찾아낸 곳으로 유명하다. 일론 머스크와 공동으로 지급결제 기업인 페이팔을 설립했던 피터 틸은 금융사기 거래를 막기 위한 소프트웨어를 개발하다가, 페이팔 매각대금으로 팔란티어를 설립했다.

숫자로 잘 정리된 금융 데이터와 달리, 일상적인 데이터는 표, 이미지, 동영상 등 종류가 다양하여 초기에는 데이터 분석에 많은 어려움을 겪었다. 하지만, 서로 다른 형태의 데이터 호환기술 개발에 성공한 후에는 데이터들 간의 관계를 시각화하여 표출함으로써, 사용자가 패턴을 관찰, 분석할 수 있게 되었다.

이 덕분에 자금거래내역, 차량이동량, 위성사진 등 사람이 쉽게 연결관계를 관찰할 수 없는 것들을 종합적으로 분석하는 것이 가능해져, 자금흐름 추적, 해커집단 파악, 테러리스트 활동 감지 등 범죄 예방에 주로 사용되었다. 최근에는 정부기관뿐만 아니라 일반기업과의 협력사업도 확대하여 부품공급망 관리, 불량제품 발견, 고객 만족도 개선 등 생산부터 판매에 이르는 전 과정의 최적화에 빅데이터 분석을 활용하고 있다.

눈으로 보이지 않는 것을 보려는 바램에서 작은 물체를 관찰하는 현미경과 먼 물체를 관찰하는 망원경이 만들어졌다. 최근 3년간 주가가 10배 이상 폭등한 반도체, 전기차 등의 기업은 갑자기 하늘에서 떨어지는 것이 아니라, 오랫동안 기술개발, 부품설계, 공정개선 등의 과정을 거쳐 신제품을 개발해 오던 중, 수요가 본격화되면서 주가가 급등하였다. 미래는 오늘의 연장선 위에 있기에, 현재를 현미경으로 자세히 관찰하면 미래를 망원경으로 볼 수 있다.

기록은 기억을 이긴다

인류문명의 진보를 가져온 중국의 4대 발명품은 화약, 나침반, 종이와 인쇄술이다. 화약은 무기로 사용되며 살상과 전쟁이라는 폐단을 낳기도 했지만, 건축, 비행기, 로켓 등 과학기술 발전을 통해 삶의 질 향상에 기여했다. 나침반은 바다 건너 먼 곳까지 대항해를 가능하게 했고 GPS 기술 등으로 발전하면서 우주탐험에도 활용되고 있다. 하지만, 무엇보다 인류문명의 발전에 기여한 것은 종이와 인쇄술로서, 지식을 공유하고 교육 격차를 해소하면서 정치, 종교의 부조리를 개선하여 사회 발전의 토대가 되었다.

이러한 장점에도 불구하고, 기록할만한 특별한 사건이 없고, 후세에 남길만한 거창한 업적도 없다며 기록을 등한시하는 사람이 많다. 하지만, 기록은 타인을 위해 자료를 남기는 것이 아니라,

자신의 삶을 점검하기 위해 필요하다. 기억은 단기기억과 장기기억이 있는데, 감각기관을 통해 수집되는 모든 정보는 해마에 우선 저장한 후, 불필요한 정보는 삭제하고 중요한 정보는 뇌의 장기기억으로 보내서 저장하는 과정을 거친다.

기록을 해야하는 첫번째 이유는 망각하지 않기 위해서다. 감각기관을 통해 매일 수많은 정보가 입력되는데 이를 모두 기억하는 것은 불가능하므로, 해마는 최초로 경험하거나 강렬한 인상을 받은 것을 제외한 대부분의 기억을 덮어쓰기하며 삭제한다. 연말이 되면 특별히 한 것도 없이 한해가 지나간 것처럼 느껴지는 것도, 강렬한 인상이 남는 특별한 경험 외에는 기억이 모두 지워졌기 때문이다.

두번째 이유는 기억은 왜곡되기 때문이다. 특별한 경험이 장기기억으로 저장될 때, 용량의 제한으로 필수정보만 압축 저장된다. 나중에 우리가 이를 기억에서 불러올 때 필수정보들 사이의 빈 공간은 무의식적으로 그랬을 것이라고 추정되는 상상의 내용으로 채워 넣는다. 이로 인해 동일한 과거의 사건에 대해서도 참석자들의 세부기억이 모두 다른 경우가 많다.

세번째 이유는 아는 것과 모르는 것을 확실하게 구분할 수 있다. 평소에 알고 있다고 생각하는 것을 막상 글로 써보게 되면 사실관계가 모호하거나, 논리적으로 맞지 않아 글쓰기가 막히는 경우에 봉착하게 된다. 아래의 그림은 우리가 매일 컴퓨터와 휴대폰에서 인터넷에 접속할 때 사용하는 구글 크롬인데, 4개 중 어떤 것이 진짜 로고일까?

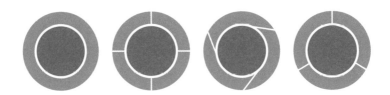

너무나 익숙해서 당연히 알고 있다고 생각했지만, 막상 고르려니 모르고 있다는걸 깨닫게 된다. 기록을 하게 되면 전후맥락을 살피면서 무엇이 부족하고, 어디가 이해되지 않는지 알게 되고, 안다고 생각했던 것과 피상적인 추측을 구분하게 된다.

마지막으로 정보를 축적하고 효율적으로 관리할 수 있다. 많은 책을 읽고 유익한 강연을 들어도 기록하지 않으면 주제가 무엇이었는지 기억나지 않고, 조각조각 남아있는 정보도 뒤죽박죽 섞여있어 서로 연결되지 않는다. 기록을 통해 내용이 체계적으로 정리되고 정보가 축적되면 당시에는 알지 못했던 새로운 패턴이나 추세를 파악하는데도 도움이 된다.

이왕이면 수첩에 기록하기보다는 앱이나 컴퓨터 프로그램을 사용하는게 좋은데, 주제별로 꼬리표(tag)를 붙이게 되면, 관련 자료끼리 분류되고, 내용을 찾아보고 싶을 때 검색이 용이하기 때문이다. 기록할 때 모든 것을 기재할 필요는 없으며, 핵심만 요약하고 나머지는 버리는 연습을 해야 한다. 그래야만 쏟아지는 정보 속에서 가치있는 주제를 파악할 수 있고, 장기간 선명하게 기억할 수 있기 때문이다.

사업을 재정의하라

유재석이 트로트가수 유산슬로 변신한 것이 인기를 끈 후, 연예인뿐 아니라 일반인들까지 부캐가 유행하고 있다. 부캐는 온라인 게임에서 주로 사용하던 캐릭터 외에 추가로 만든 부캐릭터의 준말인데, 의미가 확대되어 내가 아닌 다른 나를 지칭하게 되었다. 평소의 나는 자기검열 등 여러 제약으로 할 수 없던 일을, 부캐는 눈치 볼 필요가 없어 평소 하고 싶었던 일이나 취미에 도전하여 새로운 경험을 해볼 수 있는게 장점이다.

물론 부캐 때문에 본업이 소홀해지거나, 현실 도피처로 사용되는 등의 부작용도 있다. 하지만, 단조로운 일상을 벗어나 활력소가 되고, 추가적인 수입을 창출하며, 다양한 자아를 표출하면서 자신도 몰랐던 재능과 성격을 발견할 수도 있다. 대부분의 사람은 자신이 어떠한 사람이라고 규정하여 그 범위 밖의 일은 도전조차 하지 않으려 하듯이, 기업도 스스로 좁은 한계를 설정하여 성장하고 발전할 수 있는 기회를 놓치는 경우가 많다.

지금은 휴대폰으로 사진을 찍지만, 불과 10년전만 하더라도 디지털카메라가 대세였다. 사진을 찍으면 바로 화면으로 확인할 수 있고, 수백장의 사진을 저장하고, 인터넷에 사진을 업로드할 수 있는 디지털카메라는 혁신 그 자체였다. 물론 그전에는 스무 장 사진을 찍으면 필름을 교체해야 하는 필름카메라 시대였고, 그 시절에는 지금은 사라진 코닥이 필름시장을 백년 넘게 호령했었다.

아이러니하게도 세계 최초의 디지털카메라는 코닥이 개발했으나, 디지털카메라가 대중화되면 필름 판매를 잠식할 것이라는 우려와 사람들은 저화질의 디지털 사진보다는 고화질의 인화된 사진을 선호할 것이라는 생각에 디지털카메라를 폐기하였다. 회사의 주력제품을 사진으로 넓게 정의하지 않고 필름으로 좁게 한정하다 보니, 안타깝게도 디지털카메라 시장을 선도할 기회를 스스로 포기하고 만 것이다.

우리에게 친숙한 넷플릭스도 DVD를 우편으로 배달하는 사업이었지만, 블록버스터란 비디오 대여점이 미국 전역에 퍼져있어 사업이 순탄치 않았다. 이에, 대여업이 아닌 콘텐츠 플랫폼으로 사업을 재정의하고, 월 사용료를 부담하면 무제한 영상시청이 가능한 스트리밍 사업으로 전환하였다. 과거에는 배급사에 의해 수입된 영화나 드라마만 볼 수 있던 시청자들에게, 다양한 국가와 장르의 영상을 무제한으로 선택해서 볼 수 있다는 점은 큰 매력이었다. 할리우드의 상업 영화뿐만 아니라, 유럽의 예술영화, 인도 발리우드의 오락영화까지 주류로 취급받지 못했던 좋은 작품들을 접할 기회가 되었다.

TV뿐만 아니라 스마트폰, 태블릿 등으로 이용기기가 다양화되면서 넷플릭스의 사업은 급성장하였다. 또한, 영어, 스페인어, 중국어 등 수많은 언어로 된 작품은 외국어 교육에도 도움이 되어, 자녀에게 만화를 원어로 시청하도록 권하는 사람도 생겨나면서 교육용으로서 새로운 수요도 창출되었다. 하지만, 넷플릭스는 미디어 유통업체에 머무르지 않고 직접 영상 제작에도 뛰어들어, 이제는 콘텐츠를 제작하는 종합 엔터테인먼트 회사로 진화 중이다.

허풍쟁이 대 혁신적 모험가. 테슬라는 대표이사에 대한 평가가 극단적으로 갈리며 수년간 미국 주식시장에서 기업가치에 대해 끊임없는 논란이 이어지고 있다. 3년간 주가가 20배 이상 급등하며 한때는 시가총액이 1천조원을 넘어 세계 5대 자동차회사의 전체 시가총액보다 큰 반면, 연간 자동차 판매량은 200만대로 도요타의 1천만대, 폭스바겐 9백만대 등과 비교조차 힘든 수준이다. 테슬라를 전기차 제조회사로 정의한다면 현재의 기업가치는 거품이라고 볼 수 있지만, 사업영역을 재정의하면 생각을 다시 해볼 필요가 있다.

우선, 전기차 회사가 우후죽순으로 생겨나며 전기차 충전기가 모두 달랐는데, 애플과 삼성의 스마트폰 충전기 차이는 소형 연결구만 바꿔 끼면 해결할 수 있으나, 전기차 충전기는 고가의 특수 연결구가 필요했다. 대용량 배터리를 빠르고 안전하게 충전해야 하지만, 충전소마다 지원방식이 달라 해결이 난망해 보였다. 그러나, 미국 정부가 테슬라 충전방식을 표준화로 선언하면서 GM, 포드 등 주요 자동차회사가 테슬라에게 비용을 지급하고 테슬라충전소를 사용하는 방식으로 통일되었다.

또한 테슬라는 다양한 센서와 카메라를 통해 도로환경을 분석하여 차선유지, 속도조절 등의 자율주행 기능을 제공한다. 물론 운전에는 예기치 않은 상황이 많아 완전 자율주행까지는 시일이 걸리겠지만, 지금도 수백만대의 테슬라가 자율주행을 하며 수집한 데이터를 인공지능과 머신러닝을 활용하여 지속적으로 개선해 나가고 있다. 언젠가 테슬라충전소처럼 다른 전기차 회사들이 테슬라의 자율주행 프로그램을 구매하는 상황도 발생할 수 있다.

마지막으로, 인간을 대체할 테슬라 로봇도 고려해야 한다. 지금까지 로봇은 무거운 짐을 들어올리는 산업용이거나, 사람을 대신해 음식을 조리하는 서비스 로봇 등이 대부분으로써 물체를 쥐거나, 옮기는게 가능하여 비숙련 노동자를 대신하는 수준이었다. 그러나 테슬라 로봇은 인간처럼 손가락 관절을 조절하고, 두 발로 걸을 수 있으며, 슈퍼컴퓨터를 통해 판단까지 가능하여, 숙련된 노동자까지 대체할 수 있다. 미래에는 인건비 절감이 아니라, 인구 감소로 노동자를 구하는 것조차 쉽지 않게 되므로, 로봇이 전기차뿐만 아니라 많은 공장의 생산과정에 투입될 수도 있다.

따라서, 테슬라를 전기차 제조회사, 충전회사, 자율주행회사 등으로 재정의한다면, 테슬라의 기업가치는 자동차 제조회사뿐만 아니라 우버 등 공유자동차, 택시, 렌터카 등을 모두 합쳐야 하므로 현재 기업가치는 과대평가가 아닐 수 있다. 즉, 기업의 주력상품, 대상고객, 사업영역을 어떻게 정의하느냐에 따라 경쟁회사도 시장규모도 완전히 바뀌게 되는 것이다.

여기서 간단한 퀴즈 하나. 나이키의 경쟁회사는 어디일까? 아디다스? 정답은 게임회사나 넷플릭스 등 엔터테인먼트 회사인데, 사람들이 실내 오락에만 몰두하면 야외 활동이 줄어들어 나이키의 운동복 판매가 감소할 수밖에 없기 때문이다. 나무도 작은 화분에 가둬놓으면 더 이상 자라지 않듯이, 더 크게 더 멀리까지 생각하며 사업을 재정의할 수 있어야 한다.

새로운 시장을
창조하는 기업인가

매출 20% 증가가 올해 사업목표라면 1+1 묶음판매로 영업을 강화하거나, 신규 고객 발굴을 위해 다양한 마케팅을 추진할테지만, 매출을 3배로 증가시키려면 영업 강화만으로는 달성이 불가능하다. 이럴 땐 앞서 살펴본 넷플릭스가 비디오 대여점 블록버스터를 몰아내듯이, 애플이 디지털카메라 시장을 사라지게 했듯이, 기존에 없던 새로운 시장을 창조해내야 한다. 다행인 점은 세상에 존재하지 않던 새로운 제품을 만들지 않더라도, 기술을 연결하거나 기존 제품이나 서비스를 개선함으로써 새로운 시장을 만드는 창조적 혁신이 가능하다는 점이다.

삼양 불닭볶음면은 매운맛을 좋아하는 우리나라 사람조차 호불호가 나뉘는데, 비빔면 시장은 팔도가 오랜기간 1위를 차지하여 판매 확대가 쉽지 않아, 3배나 매운 새로운 시장을 개척할 수밖에 없었다. 제품이 출시된 후 맛있다기보다 고통에 가까운 극한의 매운맛 덕분에 국내외 유튜브를 중심으로 빨리 먹기, 물 없이 먹기 등 다양한 챌린지가 확산되면서 입소문을 타게 되었고, 먹은 후 괴로워하거나 눈물, 콧물을 흘리는 우스꽝스러운 동영상 등이 온라인에서 유행했다. 그 결과, 외국인에게 불닭과 발음이 비슷한 brutal(잔인한) 매운맛 라면으로 인기를 끌면서 불닭볶음면은 출시 10년만에 40억개를 판매하며 극한의 매운라면 시장을 창조하였다.

커피하면 떠올리는 스타벅스도 마찬가지이다. 최고품질의 원두를 사용한다고 하지만, 다른 커피 브랜드와 맛의 차이를 구분할 수 있는 사람은 많지 않다. 그럼에도 불구하고, 약속이 있으면 스타벅스에서 만나자고 하는 것은 커피맛이 아닌 공간 때문이다. 갈색 계열의 가구와 너무 밝지 않은 조명, 통유리를 통해 바라보는 전망, 경쾌하면서 부드러운 음악. 이 모두가 조화를 이루면서 친구와 대화하거나, 혼자 공부하기에도 좋은 편안한 공간을 제공한다. 여기에 더해, 커피 재배농가와 이익을 공유하는 사회적 기업이라는 이미지와 타사 대비 독특한 사업전략도 스타벅스의 성공 요인이다.

우선, 광고를 하지 않는다. 대부분의 기업은 유명인을 기용하여 제품을 홍보하거나, 기업이미지 광고를 통해 브랜드 가치를 높이려 하나, 스타벅스는 커피 판매보다는 고객과의 관계를 중요하게 여긴다. 일반 카페라면 커피 한잔 시켜놓고 종일 테이블을 지키는 사람을 방지하기 위해 불편한 의자를 배치하거나, 콘센트 사용을 불편하게 한다. 하지만 스타벅스는 창가에 1인석을 배치하고 홀에는 대형 테이블을, 그리고 다양한 형태의 의자와 쇼파를 배치하여 혼자 공부하는 사람, 단체 고객 등이 편안하게 쉴 수 있는 공간을 제공한다.

둘째, 진동벨이 없다. 우리나라에서는 영수증 번호로 부르는 경우가 많으나 해외에서는 이름을 부름으로써 고객과의 친밀감과 유대감을 향상하는 고객관리 전략을 구사하며, 셋째, 현금거래를 없애고 생일, 크리스마스, 기념일 등 다양한 기프트카드를 만들어 선물하는 문화를 조성하여, 판매를 증가시키면서도 결제 시 무료인 듯한 착각에 빠지게 만든다.

마지막으로 체인점이 없다. 대부분의 음식료 회사는 개인에게 가게 개설권을 부여하여 가맹점 가입비와 원재료 공급 등을 통해 이익을 극대화하는 전략을 시행한다. 하지만, 스타벅스는 전 세계 수만개의 지점을 본사에서 직접 운영하여, 마치 수익 확대에는 무관심한 것처럼 보일 수 있으나 오히려 선택과 집중을 통한 수익 극대화 전략이다. 일반적인 프랜차이즈회사는 가맹점을 보호하기 위해 매장간 일정 거리 이내에는 출점을 금지한다. 그러나, 스타벅스는 경제성이 높은 도시 상권에 매장을 집중 운영하는 전략으로 강남에는 약 백개의 매장이 있지만, 지방 도시에는 한 개의 매장도 출점하지 않은 곳도 있다. 모든 매장을 직접 운영하면서 제품 및 서비스의 품질을 균일하게 유지하여, 전세계 어느 매장에 가더라도 동일 수준의 맛과 서비스를 제공할 수 있다.

또한 고급 품질의 원두, 전용 추출기계, 전문 바리스타를 결합한 프리미엄 매장이나, 전망이 좋은 교외에 대규모 매장을 설치하여 주변을 지나다 들리는 곳이 아닌 일부러 멀리서 찾아올 수 있는 목적지로서 새로운 시장을 개척하고 있다. 그동안 후식이나 조연에 머물렀던 커피를 주인공으로 끌어올린 스타벅스의 다음 행보가 자못 궁금해진다.

연결고리를 찾아라

캐빈 베이컨 게임을 들어본적 있는가? 캐빈 베이컨과 같은 작품에 출연했거나, 학연, 지연 등 관계를 따져서 몇 번만에 서로 연결되는지 알아보는 게임이다. 예를 들어, 맷 데이먼은 라이언 일병 구하기에서 톰 행크스와 같이 연기했고, 톰 행크스는 그레이하운드에서 엘리자베스 슈와 연기했는데, 엘리자베스 슈는 할로우맨에서 캐빈 베이컨과 같이 출연했으니, 맷 데이먼은 3단계만에 캐빈 베이컨과 연결된다.

교통, 통신, 인터넷 등의 발달로 일대일 연결이 아닌 일대다수의 초연결사회가 되면서 배송시스템에도 변화가 생겼다. 과거에는 배송량이 적어 도시에서 도시로 직접 배송이 가능하였으나, 최근에는 물량이 폭발적으로 증가함에 따라, 자전거 바큇살처럼 거점지역의 대규모 물류센터에서 모든 택배를 수집한 후, 여러 도시로 분류 배송하는 방식을 사용한다.

사건이나 현상이 독립적이었을 때는 개별대상만 깊이 연구하면 이해할 수 있었으나, 미래에는 과학, 사회, 경제 등 모든 분야가 상호 연결되면서, 물리적인 시공간을 넘어 영향을 주고받는 현상이 더욱 심화될 것이다. 기업들이 서로 미흡한 부분을 보완하기 위해 협력하고, 기존 제품들을 결합하여 새로운 기능의 제품 출시가 늘어날텐데, 도심 이동수단으로 거론되는 에어택시도 드론과 택시가 결합한 하늘의 우버다. 따라서, 관계성을 찾아내고 효율적으로 연결하는 것이 중요해진다. 실리콘밸리에서 혁신적 기업이 탄생할 수 있는 비결은 서로 다른 분야의 지식, 기술, 사업을 하는 사람이 활발히 교류하고, 자신보다 뛰어난 전문가를 소개받아 창의성과 혁신을 극대화할 수 있기 때문이다.

외계인 우주선 같다는 애플 사옥은 일반적인 사각형 빌딩이 아닌 도넛 모양이다. 원은 시작과 끝이 없이 모두 연결되어, 칸막이로 인한 단절없이 한방향으로 걸어가면 기획, 인사, IT 등 모든 부서의 사람들과 자연스레 만나고 소통할 수 있다. 부서 간 경계를 허물고 다양하고 혁신적인 아이디어를 구현하게 사옥을 만든 취지는 아이폰, 아이패드, 클라우드 등을 통해 개인 간, 개인과 사회 간 연결을 목적으로 하는 애플의 정체성과도 일맥상통한다.

그런데, 왜 개인보다 집단을 중시하는 우리나라는 네트워크

효과가 발생하지 않는 것일까? 그 이유는 수직적 상하관계 때문이다. 인간관계이든 대기업 중소기업 간 관계이든 권력에 기반하면 상하관계가 형성되면서 지식과 기술의 자유로운 교류가 일어나지 않는다. 마치 두뇌와 손발의 관계처럼 한쪽은 기획하고, 한쪽은 실행하는 지시 전달로서 네트워크가 활용되면, 효율성은 향상될 수 있어도 창의성은 생성되지 못한다.

학연, 지연 등으로 얽힌 강한 결속력도 오히려 네트워크 효과를 반감시킨다. 개인과 회사를 하나의 운명공동체로 여기고, 회사를 이직하는 것을 배신으로 여기는 문화에서는 효율적 상호작용을 위해 경쟁사와 파트너십을 구축하는 것이 불가능하다. 연결 관계는 한번 정해지면 지속되는 불변의 대상이 아니라 상황과 시대에 따라 유연하게 설정해야 한다. 이를 위해서는 다양한 개체를 생성하고 이를 유기적으로 연결하는 능력을 길러야 한다.

마인드맵, 연결을 만들어라

마인드맵은 주제어를 가운데에 놓고 관련된 단어들을 가지가 뻗어나가듯이 기재한 것으로 관련 내용이 꼬리에 꼬리를 물며 이어진다. 마인드맵을 그려보면 방대한 자료가 대주제, 소주제 등으로 그룹화, 체계화되어 정보를 분류하고 조직하는 능력이 생긴다. 서로 무관하게 여겨졌던 내용을 한눈에 조망할 수 있어 연상능력도 향상된다.

이렇게 주제와 다양한 아이디어를 연결하는 연습은 궁극적으로 십 년 후 미래를 상상력과 창의적인 방법으로 예측하는데 도움이 된다. 예를 들어, 4차산업혁명을 주제로 마인드맵을 작성하면, 첫째 가지에는 우주항공, 로봇, 인공지능 등 다양한 산업이 기재된다. 두번째 가지에는 우주항공의 경우 로켓, 인공위성, 에어

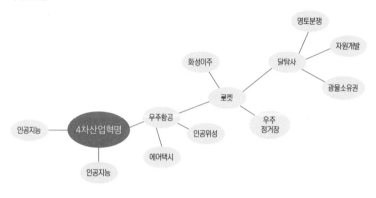

택시 등 다양한 우주항공 수단을 기재할 수 있다. 세번째 가지에는 로켓의 경우 달 탐사, 우주정거장, 화성 이주 등의 키워드가, 네번째 가지의 달 탐사에는 영토분쟁, 자원개발, 광물소유권 등이 표시될 것이다. 이를 통해 우주개발 관련 우주법 제정이나, 로켓과 위성추락에 대비한 안전성 문제, 우주실험 및 우주인 관련 윤리문제 등으로 사고를 다양하게 확장해 나갈 수 있다.

　연관성을 판단할 때 인과관계인지 선후관계인지 구분하는게 중요하다. 코로나 백신을 맞고나서 사망했다는 뉴스가 있을 때, 코로나 백신이 부작용을 일으켜 사망했다면 인과관계이나, 평소에 만성질환을 앓고 있던 사람이 코로나 백신을 맞고나서 사망했다면 발생순서의 차이만 있는 선후관계이다. 인과관계가 없다는 것을 증명하는 것은 악마의 증명처럼 어렵다. 악마가 있다는 것은 악마를 보여주면 되지만, 악마가 없다는 것은 없는 것을 보여서 증명해야 하므로 모순에 빠진다. 기술이 우수해서 투자유치가 증가했다면 인과관계로 기업의 성장 잠재력이 높다고 판단할 수 있으나, 기술이 우수하다고 홍보를 잘해서 투자유치가 증가했다면 기술과 투자유치는 선후관계, 홍보와 투자유치는 인과관계로서 이런 기업은 오래가지 못한다.

마인드맵을 작성해보면 다양한 아이디어를 떠올리고, 주제별로 분류하는 것이 생각처럼 쉽지 않다는걸 깨달을 것이다. 그렇다면 십 년 후 미래라는 거창한 주제보다 자신이 잘 알고, 일상에서 흔히 접하는 쉬운 주제부터 시작하여, 차차 범위를 확대하는 것도 좋은 방법이다. 자기소개 마인드맵을 그린다면 첫번째 가지는 장래희망, 성격, 취미, 특기 등이 되고, 두번째 가지는 나의 희망직업, 부모님의 희망직업, 내가 정말 하고 싶은 일이 된다. 세번째 가지는 희망직업의 이유, 달성가능성 등이 되며, 네번째 가지는 경제적 보상, 사회적 지위, 명예, 자아실현 등 희망직업의 이유에 대해 나열하면 된다.

여행도 좋은 주제다. 첫번째 가지는 여행장소, 기간, 목적, 예산 등이 되며, 두번째 가지는 국내, 해외, 세번째 가지는 휴양지, 유적지, 도심 등, 네번째는 계곡, 바다, 섬 등으로 아이디어가 계속 연결될 것이다. 그 외에도 행사나 사업 기획시 업무를 구체적으로 세분화하여 진행단계별, 담당자별로 업무를 분배할 수 있고, 체중조절을 위해 육류, 야채 등 재료별, 요리 방법별로 분류하여 체계적인 식단관리를 할 수도 있다. 이렇게 일상에서 다양한 마인드맵을 연습하다 보면 미래에 대해서도 주제와 키워드를 예측하는 능력이 향상될 것이다.

로직트리,
문제발생 이유와 해법 찾기

로직트리는 컨설팅회사에서 사용하는 문제해결 기법으로 어떤 문제가, 왜 발생해서, 어떻게 해결할지를 정리하는 방식이다. 주제에 대해 다양한 아이디어를 떠올리고, 체계적으로 분류한다는 점에서 마인드맵과 유사하다. 하지만, 마인드맵이 동일 가지 간에는 순위 없이 연결성만 있는 원형 방식인 반면, 로직트리는 최상위 주제로부터 대분류, 중분류, 소분류로 키워드가 순위대로 연결되는 피라미드형 방식이다.

로직트리는 문제 발생, 원인, 해결책을 한눈에 볼 수 있어 전체와 부분을 동시에 조망할 수 있다. 각각의 키워드가 서로 겹치거나 빠지지 않으므로 중복과 누락없이 체계적으로 파악할 수 있다. 또한 키워드별 연관성뿐만 아니라 우선순위도 구분 가능하며, 잘못된 키워드만 수정 가능하다는 장점이 있다.

다만, 오류를 감소시켜 실수를 줄이고 판단 속도를 높일 수 있으나, 항상 해결책을 제시하는 것은 아니다. 여러 가정하에 논리적인 해결책을 모색하다보니 가정이 잘못되었을 경우 해결책의 효과가 미미한 단점도 있다. 하지만, 의사판단 분석도구로 잘 활용하면 논리적이고, 체계적인 해결책 모색에 도움이 되므로 다음의 예시를 바탕으로 실제로 작성해보자.

열심히 돈을 벌지만, 왜 항상 저축할 돈은 부족한지를 고민하는 회사원이 있다고 하자. 문제발생 로직트리는 저축할 돈의 부족이며 첫번째 분류는 수입과 지출의 구분, 두번째 분류는 수입의 경우 월급, 부업, 투자수익이며, 지출의 경우 고정지출과 변동

로직트리

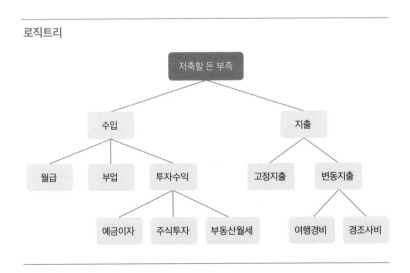

지출이 있다. 세번째 분류는 투자수익의 경우 예금이자, 주식투자, 부동산 월세 등이 되고, 변동지출의 경우 여행경비, 경조사비 등으로 구분된다.

이유와 해결방안도 각 로직트리를 만들어보면, 돈이 부족한 이유의 첫째 분류는 불안정한 수입, 과다 지출이다. 두번째 분류는 불안정한 수입의 경우 부업 중단, 투자수익의 높은 변동성 등이 되고, 과다 지출의 경우 잦은 외식, 즉흥적 쇼핑 등으로 분류할 수 있다. 해결방안 첫째 분류는 수입 확대, 지출 감소이며, 두번째 분류는 부업 확대, 투자상품 다양화, 변동지출 축소 등으로 돈을 절약하여 저축을 늘리는 해결책을 모색할 수 있다.

주식에 투자하는 것은 기업 경영에 투자자로서 참여하는 것이다. 자신이 직접 경영을 하지는 않지만, 자신이 투자하는 기업에 문제점이 발생했다면 로직트리를 통해 자신이 만약 경영자였다면 어떤 해결책을 찾을지 연습해 볼 수 있다. 예를 들어, 투자한 회사가 작년에 적자가 발생해서 올해는 어떻게 흑자로 전환할지 고민이라고 한다면, 첫째 분류는 수입과 지출이다. 두번째 분류는 수입의 경우 제품판매, 상품판매, 용역서비스, 기타수입으로, 지출의 경우 재료비, 인건비, 운영비 등으로 분류할 수 있다. 다음으로 적자 이유의 첫째 분류는 매출 감소, 비용 증가이며, 둘째 분류는 매출 감소는 기존제품 판매 감소, 신제품 판매 미미이며, 비용 증가는 연구개발비 확대, 마케팅비 증가이다. 마지막으로 해결방안은 기존제품은 할인판매를 통한 매출 회복, 신제품은 대규모 광고 대신 인플루언서를 통해 판매 촉진을 추진하는 방식을 모색해 볼 수 있다.

좋은 질문을 하는 법

소크라테스의 강의는 지혜를 전달하거나, 해결책을 알려주는 것이 아니라 끊임없이 질문을 던진다. 예를 들어 "신뢰할 수 있는 사람이란 무엇인가?"라는 질문을 해서, 제자가 "약속을 잘 지키는 사람입니다."라고 대답하면, "1억을 빌려주기로 약속했는데, 상대방이 그 돈으로 무기를 구입해 범죄를 저지른다는 것을 알았다면, 약속대로 빌려주어야 하는가?"라고 추가 질문을 한다. 제자가 "그래도 빌려줘야 한다"고 대답하면, "그렇다면 대여자는 신뢰할 수 있는 사람인가?"라고 질문을 한다. 약속을 지켰다는 점에서는 신뢰할 수 있는 사람이지만, 범죄를 알고도 도와준 점에서는 신뢰할 수 없는 사람이므로, 스스로 대답의 모순을 깨닫고 다시 고민하게 만든다.

스스로 답을 찾게 만드는 질문법은 오늘날 경영대학원에서도 흔히 사용된다. 자신이 회사의 경영자라고 가정하고 우리 제품의 고객은 누구인지, 경쟁사는 어디인지, 실적이 저조한 사업부문은 구조조정을 해야 하는지 등 수많은 질문을 통해 스스로 답을 찾도록 유도한다. 해답을 알려주는 것이 직접적이고 간편한데도 끊임없는 질문을 하는 이유는, 남이 알려주는 해답은 다른 사람의 생각이지만, 내가 하는 대답은 나의 생각이기 때문이다. 독서를 할 때도 마찬가지로서, 백권의 책을 그냥 읽으면 백명의 생각을 수용하는 것일 뿐이다. 하지만, 주장의 근거가 무엇인지, 현실에 적용 가능한지와 같이 질문을 하며 읽다보면 자신의 사고력이 더욱 공고해짐을 느끼게 된다.

시애틀의 모든 창문을 청소하는 비용은 얼마일까? 모든 가정이 아들을 낳을 때까지 자녀를 계속 출산한다면 이 나라의 아들과 딸의 비율은 얼마일까? 황당하게 들리는 이 질문은 구글의 입사면접 질문이다. 기업을 경영하는 것은 정답이 없는 이슈에 대하여 어떻게 해결할지를 스스로에게 질문하고, 그 대답을 찾아서 실행하는 과정의 반복이다. 따라서, 문제의 본질을 꿰뚫고 새로운 아이디어를 찾게 도와주는 질문을 통해 구직자의 자질을 파악하는 것이다.

좋은 질문은 우선, 질문이 구체적이어야 한다. 아무런 제약이 없을 때 창의적인 아이디어가 나온다고 생각하지만, 이는 자신이 해당 분야의 전문가인 경우에만 맞는 말이다. 만약 시골마을의 활성화 방안을 마련하라고 하면 대부분의 사람은 어떻게 검토를 시작할지 몰라 망설이게 된다. 그러나, 질문을 구체화하여 교육과 재미의 측면에서 시골 폐교의 활성화 방안을 마련하라고 하면 캠핑장, 주말농장, 별자리 관측, 요리학교, 동물농장 등 다양한 아이디어가 쏟아져 나올 것이다. 우리는 마인드맵, 로직트리를 통해 다양한 아이디어를 분류하는 방법을 배웠다. 이를 통해 수십 개의 구체적인 질문과 해결책을 만들 수 있으므로, 질문범위를 구체적으로 제약하는 것은 걸림돌이 아닌 창의성으로 가는 디딤돌로 작용한다.

다양한 의견이 있는 질문이 좋다. 일론 머스크가 설립한 회사 중에는 인간의 뇌와 컴퓨터를 연결하는 뉴럴링크가 있다. 치매로 기억장애가 있거나, 질병이나 사고로 신체활동이 불가능한 사람의 뇌 속에 칩을 이식하여 기억력을 복원하고, 마비환자들도 신체활동이 가능하게 만드는 회사다. 각종 전자기기를 생각으로 조종하고 텔레파시로 의사소통을 하는 등 인간과 기계가 결합한 신인류를 만드는 것이 목표다. 신체적, 인지적 장애를 가진 환자들에게 다시 걷고 정상적 생활을 가능하게 만드는 구세주 같은 회사다.

하지만, 뇌에 대한 지식이 부족한 상황에서 뇌에 칩을 이식하고, 뇌파를 측정하여 컴퓨터 명령어로 전환하는 것에 대한 안전성 문제가 끊이지 않았다. 논란 속에서 뉴럴링크는 쥐, 돼지 등의 뇌파 신호를 컴퓨터로 포착하는데 성공한데 이어, 원숭이가 뇌파만으로 게임을 조작하는데 성공하면서 인간을 대상으로 한 임상시험에 대한 허가도 획득하였다.

최근, 눈부신 성과 뒤에 수천마리의 동물이 실험과정에서 사망하고, 홍보대상이었던 원숭이마저 대부분 고통과 후유증으로 사망한 것이 밝혀지면서, 동물실험의 잔인함, 예상치 못한 부작용에 대한 논란이 다시 제기되었다. 만약 인간실험 과정에서 거부반응으로 사망하거나, 실험이 성공하더라도 뇌가 해킹당해서 타인에 의해 조종되어 범죄에 이용될 수도 있으며, 기계인간에 대한 거부감으로 윤리적, 사회적 반발도 거세다. 이처럼 찬반이 나뉘는 주제나 다양한 의견을 불러일으키는 이슈는 질문을 통해 주장과 반론, 재주장의 과정을 거치며 더 나은 해결책을 찾아낼 수 있다.

여러 분야를 넘나드는 질문이 좋다. 미래의 가장 큰 특징은 기술 간, 학문 간 경계가 사라지는 것이다. 움직이는 기계장치였던 자동차는 반도체와 자율주행으로 조정하는 전자장비가 되었다. 인간 고유의 영역으로 여겨졌던 음악, 미술같은 예술의 영역도 인공지능이 인간보다 더 뛰어난 작품을 제작하고 있다. 과거에는 2차세계대전의 이유와 결과에 대한 질문이 중요했다면, 이제는 역사적 관점에서 당시의 시대적 환경을 검토하고, 과학적 관점에서 세계대전을 종식할 수 있었던 원자폭탄의 제조 과정, 경제적 관점에서 전쟁 피해복구 및 세계 경제구도의 변화 등을 통합적으로 질문할 수 있어야 한다.

기존 관점을 바꾸는 질문이어야 한다. 대동강물이 자기 것이라고 주장하며 물장수에게 돈을 받고 판 봉이 김선달은 희대의 사기꾼이었지만, 남의 집 임대를 중개해주고 수수료를 받는 에어비앤비가, 메리어트, 하얏트 호텔 가치를 합친 것보다 더 큰 회사가 된 비결은 숙소에 대한 관점을 통째로 바꿨기 때문이다. 에어비앤비는 대규모 디자인 컨퍼런스에 많은 참가자가 몰리며 호텔 가격이 천정부지로 오르고 숙소가 모두 동이난 것을 보았다. 이에, 집을 빌려준다는 발상의 전환을 통해 자신의 아파트에 에어배드를 설치하고 아침을 제공하면서 사업을 시작했다.

초기에는 자신의 집을 빌려주려는 사람이 적어 사업에 어려움을 겪었으나, 부동산 거품이 꺼지고 경제가 어려워지면서 대출금 상환의 어려움에 직면한 집주인들이 저렴한 가격에 집을 임대하면서, 에어비앤비는 순식간에 세계로 진출하게 되었다. 세계 어느 곳을 가더라도 호텔은 모습과 서비스가 유사하여 사람들에게 안정감과 편안함을 제공하지만, 정형화된 모습이 지루함을 야기하여 색다른 경험을 원하는 고객의 기대를 충족시키지 못했었다. 반면, 에어비앤비는 절벽 위나 화산 옆 등 새로운 지역뿐만 아니라, 와인창고, 수도원 등 색다른 공간을 리모델링하여 다양한 숙소를 제공하였다.

또한 숙소는 잠을 자는 곳이라는 근원적 기능에 의문을 제기하며, 숙소는 잠시 머무르는 곳이 아니라 현지인의 일상생활 속으로 들어가서 살아보는 것으로 새로운 가치를 창조해냈다. 레저나 스포츠 위주의 기존 여행 옵션을 다양화하여, 요리 수업으로 현지 음식을 직접 만들어볼 수 있다. 자신이 좋아하는 가수의 노래와 춤을 배워보는 등 개별 관광객이 아닌 다른 여행자와 현지인들과 소통하며 이방인이 아닌 그곳의 일원으로서의 소속감도 선사해주고 있다.

좋은 질문은 명확하고 구체적이어야 한다. 인간이 화성에 살 수 있나요? 라는 질문을 받으면 어디서부터 설명을 해야 할지 난감하다. 화성의 대기에 산소가 있는지부터 음식, 날씨, 에너지 등에 이르기까지, 막연한 질문은 그가 궁금해하는 분야가 무엇인지, 어디까지 알고 있는지를 모르니, 대답도 지구와 유사한 조건을 갖추면 가능하다고 모호해질 수밖에 없다.

반면, 화성에 인간이 사는데 필요한 산소는 어떻게 만드나요? 라고 구체적으로 질문한다면, 우선 이산화탄소와 같은 온실가스로 대기를 만들면 태양열을 가두어 기온이 높아져 물이 녹게 된다. 그러면, 미생물과 식물이 살 수 있는 환경이 조성되어 산소가 생성된다고 구체적으로 대답할 수 있다.

질문을 통해서 답을 얻을 때도 있지만, 때로는 답이 존재하지 않을 수도 있다. 하지만, 답이 없는 경우에도 왜 그런지, 어떻게 하면 답을 얻을 수 있을지 끊임없이 질문한다면, 스스로 답을 찾아 나갈 수 있으며, 통찰력은 그 과정에서 길러진다.

틀을 벗어나 상상하라

초등학교 교과서의 '큰바위 얼굴' 이야기에 등장하는 주인공 소년은 마을 앞산에 새겨진 지도자의 얼굴을 보면서 미래에 훌륭한 지도자를 만나는 모습을 상상하며 살고 있다. 어른이 된 후 매일 큰 바위 얼굴을 바라보며 열심히 살아온 그가 많은 사람 앞에서 연설할 때, 청중들은 그가 큰 바위 얼굴과 닮았다는 것을 깨닫는다. 꿈은 이루어진다는 말처럼 무언가를 얻으려 하는 상상이 있는가 하면, 문제를 해결하기 위해 머릿속으로 시뮬레이션해보는 상상도 있다.

일반적으로 문제를 해결할 때 과거의 지식과 경험을 활용하는데, 지금껏 보지 못한 문제라면 기존 자료는 쓸모가 없으므로 기존 관점에서 벗어날 필요가 있다. 아래 9개의 점을 4개의 직선으로 연결해보라. 가로, 세로 3개의 점으로 구성된 가상의 정사각형 틀을 벗어나지 않고서는, 4개의 직선으로 연결할 수 없다. 3개 직선으로 연결할 경우에도 점의 가운데를 통과해야 한다는 선입견을 벗어나지 않으면 연결할 수 없다.

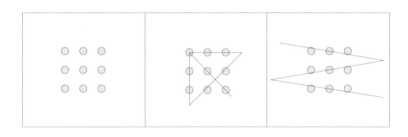

하버드대학은 매년 기발한 연구에 대해 이그노벨상을 수여하는데, 고상하지 않은Ig Noble 상이라는 뜻으로 노벨상을 풍자해서 만들었다. 이 상의 수상작을 보면, 카메라가 배설물을 분석하여 질병을 진단하는 스마트 변기, 짠맛이 강해지는 전기 젓가락, 극장에서 몰래 뀐 방귀가 영화에 미치는 영향 등 일상적 사고로는 생각하기 어려운 이색적인 연구가 많다.

그러나 이런 엉뚱한 상상력이 세상을 획기적으로 바꾸기도 하는데, 러시아 물리학자인 안드레 가임이 그 주인공이다. 어느 날 쏟아진 물이 전자석 위에 떠 있는 것을 보고, 물이 많은 개구리와 토마토를 공중 부양하는데 성공하여 이그노벨상을 수상했다. 그의 다음 연구주제는 육각형이 여러겹으로 쌓여있는 흑연을 얇게 벗겨내는 것이었다. 흑연은 연필심과 같이 우리 주변에서 흔히 접하는 물질임에도 전기적 특성에 대해서는 알려진게 없었다. 흑연구조 한꺼풀을 벗겨내기 위해 표면을 갈아보고, 잘라내는 등 많은 시도가 실패했다. 우연히, 다른 사람이 실험후 버린 스카치 테이프에서 흑연이 묻어있는 것을 발견하고, 테이프를 붙였다 떼기를 수십번 반복한 끝에 아주 얇은 막의 흑연구조 분리에 성공했다. 이 물질은 머리카락의 수십만분의 1에 불과한 얇은 두께이면서 전기가 통하고, 강철보다 수백배 강한 특성을 가진 신소재 그리핀이었으며, 이를 발견한 공로로 노벨상도 받을 수 있었다.

수조원의 개발비로 완성된 허블망원경은 별이나 행성에 초점을 맞추어 우주를 관찰하는데 사용했다. 그런데, 새로 부임한 연구소장이 아무것도 없는 깜깜한 우주를 관찰하기로 결정하자 많은 반대에 부딪혔다. 그는 아무런 결과가 없을 시 연구소장에서 물러나는 것을 전제로 열흘간 깜깜한 곳을 촬영했고, 결과는 놀랍게도 수천개의 은하가 찍혔다. 다른 깜깜한 곳은 어떨지 찍어보자 역시 수천개의 은하가 찍혔고, 은하당 수천억개의 별이 있다는 것을 알아내면서 천문학은 새로운 지평을 맞게 되었다. 사람은 상상하는 것 이상은 이룰 수 없기에, 통찰을 얻기 위해서는 풍부한 상상력도 필요하다.

경청하고 공감하라

평소 다른 사람들과 이야기를 많이 하는데 왜 갑자기 관계가 틀어졌는지 모르겠다고 하소연하는 사람을 종종 보게 된다. 중요한 것은 대화의 양이 아닌 질로서, 경청과 공감이 없이 소통했기 때문이다. 길거리의 소음은 들려오기 때문에 듣는 것이지만, 경청은 귀를 기울여서 상대방의 말과 왜 그렇게 했는지 이유를 같이 듣는 것이다. 공감은 한발 더 나아가 당시 느꼈던 기분과 감정까지 같이 느끼는 것이다. 내가 하는 말을 건성으로 듣는 사람, 주의를 기울여 듣는 사람, 당시에 느꼈던 감정까지 이해하며 표현해주는 사람 중에서 누가 나의 처지를 정확히 이해하고 있는지는 말하지 않아도 알 것이다.

공감은 인간관계에서뿐만 아니라 기업에도 꼭 필요한 능력인

데, 미래에 대중들의 욕구와 필요에 공감해야 새로운 제품을 개발할 수 있기 때문이다. 미래는 기술발전과 산업간 융합이 가속화되어 다른 분야에 대한 심도있는 이해와 활발한 교류가 필요하다. 관점과 접근방식의 차이로 발생하는 의견 대립은 공감과 소통이 자유로운 환경에서는 기술발전에 기여하지만, 위압적인 환경에서는 분쟁만 조장한다. 제품에 대한 수요가 생활에 필요한 need에서 갖고 싶은 want의 시대로 바뀌면서 사람들이 원하는 것에 공감하여 취향과 가치를 만족시키는 제품을 제공하는 기업만 생존한다. 따라서, 다양한 계층, 세대와 자유롭게 얘기하고 건전한 비판을 통해 집단 창의성을 발휘할 수 있는 환경을 만드는게 중요하다.

우선 상대방의 말에 온전히 집중하는 동안에는 대화내용을 평가하거나, 자신의 할 말을 생각해서는 안 된다. 언어로 전해지는 내용뿐만 아니라, 목소리나 표정, 제스처에도 주목하고, 고개를 끄덕이거나 적절한 대답으로 이야기가 지속되게 해야 한다. 대화가 끝나면 상대방이 느꼈을 감정에 공감은 하되 자신의 생각과 판단까지 일치시킬 필요는 없으며, 서로의 입장차이를 조율하면서 더 나은 단계로 나아갈 수 있어야 한다.

픽사는 토이스토리, 니모를 찾아서 등을 히트시키며 10개 이상의 오스카상을 받은 최고의 만화영화 제작사로, 화려한 성공은 영화에 참여하는 모든 사람 간 지속적인 공감과 소통 덕분이다. 스토리작가는 세계 모든 곳을 돌아다니며 줄거리, 캐릭터, 장면 등에 대한 아이디어를 발굴하고, 대본작가는 방대한 조사를 바탕으로 풍성한 이야기 구조를 만든다. 디자이너는 조사 출장에서 찍은 사진을 바탕으로 화려한 장면을 그려내고, 음향전문가는 장면에 어울리는 소리로 생동감을 불어넣는다.

이만하면 최고의 작품이 상상되는가? 아쉽게도, 각 분야에서 최고의 작업을 거쳤지만 이를 한데 모아놓으니 부조화가 발생한다. 스토리작가의 의도는 용감한 캐릭터를 원했으나 대본속 주인공은 겁이 없음을 넘어 무모하다. 그림속 캐릭터는 웅장하지만 섬세함이 떨어지고, 음향은 고음에 너무 치중하여 시끄럽게 느껴진다.

이렇게 서로 간의 의견이 대립할 때는 두뇌위원회가 소집되는데, 제작자와 감독뿐 아니라, 모든 관계자가 참여하여 스토리, 배경, 디자인 등을 자유롭게 이야기한다. 최초 의견에 새로운 의견들이 쌓여가면서 모두가 영화를 함께 만들고 있음을 몸소 느끼게 된다. 영화는 스토리, 디자인 등의 예술적 아이디어뿐만 아니라 카메라, 조명 등 기술적 장비의 결합이다. 실제 제작에 참여하는 사람들이 소통과 협력을 통해 의견을 조율하면서 최고의 작품이 탄생하게 되는 것이다.

미국 네브라스카주의 작은 도시 오마하는 매년 5월이면 수만 명이 참석하는 버크셔헤서웨이의 주주총회가 개최되는데, 주주총회는 10분만에 끝나지만 행사는 2박3일간 축제처럼 개최된다. 전날에는 칵테일파티를 열어 참석자들이 소통하는 시간이 있고, 주주총회 다음날에는 투자한 기업제품을 할인 판매하는 쇼핑데이와 마라톤이 열린다. 주주총회 당일에는 행사의 하이라이트인 워렌 버핏과의 질의응답이 있다.

그는 90을 넘는 고령에도 불구하고 증시전망, 투자철학, 투자이유, 향후계획 등 모든 질문에 대해 솔직하게 답변한다. 자신의 잘못된 결정으로 발생한 투자손실에 대해서는 사과하며 참석자를 투자의 동반자로서 진심을 다해 대우한다. 주주총회장을 마치 콘서트장처럼 하나로 호흡하게 만들어 세계 최대 음악축제에 빗대어 자본주의 우드스톡이라고 불릴 정도니, 공감이 무엇인지 잘 보여주는 사례다. 아쉽게도 2023년 그의 오랜 동지였던 찰리 멍거 부회장이 99세로 타계하면서 더 이상 주주총회에서 그를 볼 수 없게 되었지만, 축제같은 주주총회는 앞으로도 계속되기를 기원한다.

긍정적 사고는
삶의 원동력이다

남극탐험하면 제일 먼저 떠오르는 사람은 최초로 남극점에 도달한 아문젠이지만, 남극탐험에 성공하지 못하고도 위대한 실패로 추앙받는 사람이 있으니 영국 탐험가 어니스트 섀클턴이다. 섀클턴은 세계대전 중 영국인에게 희망을 주기 위해 인내라는 뜻의 인듀어런스호를 타고 남극대륙 횡단에 나섰지만, 떠다니는 빙하에 갇혀 배가 부서지고 만다. 그는 남극횡단이라는 목표 대신 27명의 선원 전원과 고국으로 무사히 돌아가는 것으로 목표를 변경하고, 수천킬로미터 떨어진 근처 섬까지 가기로 한다.

자신이 가장 아끼던 금으로 된 라이터를 제일 먼저 바다로 던지며, 장거리 이동에 부담이 되지 않게 각자 최소한의 짐과 식량을 꾸리도록 지시했다. 하지만, 대원들은 생존에 전혀 도움이 될 것 같지 않은 카메라와 벤조(기타처럼 생긴 악기)를 챙기는 것을 보고 의아해했다. 영하 60도를 넘나드는 혹한의 날씨에서 사냥에 실패하면 굶게 되고, 동상에 걸려 이동도 쉽지 않았지만, 그들은 벤조를 치며 노래를 부르고 카메라 앞에서 웃으며 사진을 찍었다. 구조후 인화한 사진 속에 그들의 모습은 장기간 표류중이라는게 믿기지 않을만큼 밝고 긍정적인 모습이었다. 그들의 희망과 믿음처럼 전원 구조된 때가 표류한지 1년 9개월이 흐른 후였는데도 말이다.

탑승 예정인 항공기가 고장나서 결항되었다면 왜 하필 나에게 이런 일이 일어났는지 불평하거나, 빨리 다른 항공기를 알아봐야지라며 대안을 찾을 것이다. 그런데 누군가가 돈을 모아서 전세기를 빌리자고 한다면 당연히 말도 안 된다고 생각할 것이다. 버진그룹의 창업자 리처드 브랜슨은 버진아일랜드행 비행기가 탑승 취소된 후 같은 처지의 다른 승객들을 설득해 모은 돈으로 비행기를 대여하고도 수익이 남자, 중고 항공기를 구입하여 항공회사를 설립했다.

거창한 사업계획두 신중한 수익 분석도 없는 무모한 도전에, 그의 성공을 믿는 사람은 아무도 없었다. 중학교 중퇴의 학력에, 태평양을 열기구로 횡단하는 괴짜 같은 기행을 일삼기도 하지만, 안되면 그만이라는 긍정적 사고로 무조건 도전하고, 실패하더라도 개의치 않고 또다시 도전했다. 그가 도전하는 분야는 다들 사업성이 없다고 얘기했으나, 항공, 통신, 음료 등 수많은 업종에 400개의 기업을 만들었고, 그중 200개는 망했지만 후회하거나 좌절하지 않았다.

그가 진출한 사업에서 1등을 달성하지는 못했지만 의미있는 성과를 달성한 기업도 많다. 앞서 언급한 전세기 대여에서 시작한 버진 애틀랜틱은 현재 수백대의 항공기를 운항중이며, 버진갤럭틱은 우주여행 상업화에 성공했다. 부정적이고 회의적인 사람이 많다는 것은 성공 가능성이 낮다는 의미인 동시에, 경쟁자가 적다는 말이기도 하다. 그는 스튜디어스 복장으로 서빙을 하고, 탱크에 타서 콜라 대포를 쏘며 부정적 편견에 정면으로 맞섰다. 긍정적인 생각으로 부딪친다고 해서 항상 성공하는 것은 아니지만, 공을 차지 않으면 골을 넣을 확률은 제로라는 것을 몸소 보여준 것이다.

긍정적인 기대나 관심이 좋은 영향을 미치는 것을 피그말리온 효과라고 한다. 하버드 교수가 초등학생 지능검사 후, 무작위로 뽑은 학생의 명단을 선생님에게 주며 이들은 지능이 높다라고 이야기했다. 일년 후 지능검사를 하자 이 학생들은 높은 점수를 기록했는데, 지난 1년간 선생님의 격려와 칭찬을 받고, 긍정적 기대에 부응하기 위해 더욱 노력했기 때문이다.

미래가 유토피아일지, 디스토피아알지 모르나, 미래가 현재보다 퇴보하고, 멸망할 것이라 부정적으로 생각한다면 현재의 삶이

괴롭고, 무기력하게 느껴진다. 하지만, 미래가 더 발전하고 나아질 것이라는 희망을 가진 사람은 오늘의 삶을 더 활기차고 보람되게 살아간다. 가장 넓은 우주는 아직 탐사되지 않았고, 최고의 기술도 아직 발견되지 않았다. 인류는 더 나은 미래를 위해 지속적으로 발전할 것이기에, 우리 생애 최고의 날은 아직 오지 않았다.

직접 부딪치며 체험하라

선진국의 자연사박물관, 과학박물관의 부러운 점은 첨단시설이나 진귀한 소장품이 아니라 직접 체험해보는 프로그램이 많다는 것이다. 아치형 건물을 만들어보며 하중을 분산하는 건축원리를 알게되고, 회전하는 깔대기에 공을 던져 구심력을 배우면서 달이 지구를 공전하는 과학원리를 깨닫고, 도자기나 동물뼈를 발굴하며 유물이 어떻게 발굴되고 보존되는지를 경험한다.

학습이 타인의 지식을 배우는 것이라면, 체험은 자신이 직접 겪으면서 내 것으로 익히는 행위다. 타인의 멋진 결과물을 보며 느끼는 시각적인 만족도 중요하지만, 만들어지는 과정에 참여하며 느끼는 감정은 강렬한 인상으로 남는다.

요즘은 책과 동영상, 가상현실이 발달하여 직접 체험해보지 않아도 알 수 있다 여기는 사람이 있다. 그러나, 자전거 타는 법, 바이올린을 연주하는 법은 아무리 많이 보고 듣더라도, 직접 체험해보지 않고서는 배울 수 없다. 자전거를 타기 위해서는 스스로 균형감을 터득할 때까지 수없이 넘어지는 과정을 거쳐야 하며, 바이올린을 연주하기까지는 손가락에 수많은 물집이 잡혀야만 제대로 된 소리를 낼 수 있다.

체험을 통해 터득한 능력은 강력한 지속력을 지닌다. 학습을 통해 습득한 지식은 얼마 지나지 않아 모두 잊히지만, 체험으로 익힌 운동능력과 기술은 수년이 흐른 후 다시 하게 되더라도 몸이 기억해낸다. 인터넷으로 세계 구석구석의 사진과 동영상을 감상할 수 있음에도 불구하고, 많은 시간과 비용을 들여 여행을 가는 것도 정보를 수집하기 위해서가 아니라 체험을 위해서다. 눈으로 보는 풍경, 후각으로 느껴지는 냄새, 피부에 와닿는 햇살 등은 오랜 세월이 지난 후에도 그때의 사진을 보면 그 순간의 감정이 되살아난다.

막연히 알고 있다고 생각했던 것이 체험 과정에서 잘못 알고 있었음이 밝혀지거나, 새로운 사실이 드러나면서 문제점을 발견하고 깨달음을 얻게 되기도 한다. 그래서 백번 듣는 것보다 한번 보는게 낫고, 백번 보는 것보다 한번 실행하는 것이 중요하다.

세계 최초로 비행기를 만든 라이트형제는 고등학교를 졸업하고 자전거 수리를 시작으로 자전거 부품을 사서 자전거를 직접 조립하여 판매했다. 정식교육을 받지는 못했지만 자전거 체인, 기어 등을 만들면서 터득한 기술로 하늘을 나는 물건을 만들고 싶어했다. 추진력, 저항력, 양력 등 비행기를 날 수 있게 만드는 과학원리는 몰랐지만, 하늘을 나는 새들을 관찰하며 비행기의 날개를 제어하는 기술개발에 몰두했다. 공기 흐름이 물체에 미치는 영향을 파악하기 위해 바람터널 장치를 만들어 무수히 많은 실험을 했고, 다리건설 기술자를 찾아다니며 비행에 적합한 이중 날개를 지지할 수 있는 구조물 모양을 만들었다. 그리고 마침내, 1903년 노스캐롤라이나에서 세계 최초의 비행에 성공하게 된다.

하지만, 라이트형제보다 앞서 최초의 비행기를 만들 것으로 기대를 한몸에 받았던 사람은 새무엘 랭글리다. 하버드대학을 졸업하고, 피츠버그 대학교수로 근무하며 스미소니언 천체물리 천문대를 설립하는 등 물리학, 천문학, 항공학 등에 전문가였다. 게다가 정부로부터 막대한 개발자금을 지원받고, 우수한 연구인력도 보유하여 많은 사람이 그의 성공을 의심치 않았다.

하지만 그는 실행보다는 이론적 연구에 몰두했다. 저명한 교수로서의 명성과 그간의 연구성과에 흠집이 나지 않도록 완벽한 이론을 만든 후 제품을 제작하여 실험하는 방식을 택했다. 애석하게도, 연구실에서 만든 완벽한 이론은 실제 실험에서는 예상대로 작동하지 않았다. 실험을 통한 개선보다는 또다시 이론연구를 반복했지만, 결국 비행기 개발에 실패하였다. 기존에 없던 새로운 것에 도전할 때는 머리로만 생각하지 말고, 몸으로 직접 부딪쳐 체험하는 것이 중요함을 보여주는 사례다.

변화를 발견해야
기회가 있다

2023년 노벨물리학상은 아토초 펄스 개발자에게 수여되었다. 아토초는 100경분의 1초로서, 1초를 10억개로 나눈 1나노초를 다시 10억개로 나눈 아주 짧은 시간을 의미하고, 펄스는 빛의 진동을 말한다. 밤에 사진을 찍으면 물체가 흔들린 경우가 많은데, 어두운 곳에서는 오랫동안 빛을 모아야 사진을 찍을 수 있어 조리개가 여닫히는 시간이 긴 반면, 낮에는 밝아서 움직이는 물체도 흔들림 없이 순식간에 찍을 수 있다.

아주 밝은 빛의 진동을 생성해내면 아주 짧은 시간의 사진을 찍을 수 있어, 너무 빨라 촬영이 불가능했던 원자와 전자의 움직임도 촬영이 가능해졌다. 이는 모든 물체를 구성하는 원자, 전자의 연구를 가능케 하는 획기적 사건으로 인간 세포 연구를 통해 수명을 연장하거나, 반도체 전자물질 분석을 통해 성능을 향상할 수 있다. 그리고, 자연과학의 미시세계도 볼 수 있어 베일에 가려졌던 양자역학의 진보도 가능하게 되는 등 다양한 분야의 기술발전이 예상된다.

2019년 중국 우한에서 발생한 코로나는 1년도 안 되어 전세계를 불안과 공포로 몰아넣었다. 순식간에 수백만명의 사망자가 발생하고, 감염자는 수억명으로 늘었으며, 회사, 공장, 학교 등이 강제로 문을 닫고 국경을 폐쇄했다. 이로 인해 항공, 호텔 등 여행업을 필두로 해고, 부도가 시작되며 위기가 모든 기업으로 확산될거라는 우려에 전세계 주식시장이 폭락했다. 국민 인식수준이 낮은 일부 국가는 코로나가 사기라며 부정하거나 미신적인 방역정책으로 사망자가 폭증하는 등 사회불안과 대혼란이 발생했다.

하지만, 위기는 기회라는 말처럼 선진국은 백신, 치료제, 진단기 등 코로나와 직접 연관된 기술뿐만 아니라, 재택근무, 문서인증 등 새로 생겨난 산업에서 유례없이 빠른 과학기술의 진보를 이뤄냈다. 전세계에 수십억명의 환자가 발생하여 모든 제약사가 백신과 치료제 개발에 뛰어든 결과, 5년이상 걸리던 신약개발이 1년 남짓으로 단축되었다. 감염자 추적, 백신보유 병원 현황 등 의료정보 검색이 가능한 앱이 개발되었으며, 재택근무, 격리생활 등으로 온라인쇼핑, 게임, 화상회의 등 디지털 산업이 폭발적으로 성장하였다.

계약서 작성은 많은 서류에 사인하고, 스캔하여 보관하는 시간이 오래 걸리는 번거로운 작업이었다. 도큐사인은 이러한 문서 서명을 간편하고 효율적으로 개선하고, 대규모 투자를 통해 데이터 보안을 확보하였지만, 대부분의 사람들이 대규모 계약을 온라인으로 처리하는 것보다 직접 만나서 확인하는 것을 선호하여, 지난 20년간 사업확장이 더디게 진행되었다. 그러나 코로나 이후 원격근무가 본격화되고 대면미팅이 불가능해지면서 전자서명이 보편화되자, 많은 사람이 간편한 절차와 효율적인 문서 관리를 경험하였다. 코로나 종식 후에도 사람들은 전자 서명방식을 신뢰하고, 오히려 불필요한 인쇄가 필요 없어 환경보호 측면에서도 유용하다는 것을 인식하게 되었다.

게임제작회사 로블록스는 캐릭터가 레고의 사람모형과 닮았고, 다양한 개발도구를 사용해 레고처럼 게임을 만들 수 있다는 점에서 온라인 레고라고 불린다. 코로나 때 집에 머무는 시간이 증가하면서 모든 게임회사가 호황을 누렸는데, 그중에서도 로블록스의 매출이 두드러졌다. 게임을 단순한 오락이 아닌 경제활동과 연관지어, 이용자들이 게임을 직접 개발하고, 수익창출이 가능했기 때문이다. 게임 제작을 통해 로벅스를 획득하면 게임 속 액세서리나 의상구입에 사용하거나, 현실세계의 돈으로 바꿀 수도 있어 수억원 이상의 수입을 올리는 개발자들도 생겨났다.

물론, 코로나 종식 후 게임 이용객이 감소하고, 메타버스 열풍도 사그러들면서 매출이 감소하였으나, 사용자 대다수가 10대인 점과 천개 이상의 게임 내 커뮤니티가 자발적으로 생겨나서 활성화된 것은 고무적이다. 이들이 경제활동을 개시하는 주축 세대가 되었을 때, 기술발전으로 메타버스의 가상현실, 증강현실의 보편화와 맞물리게 되면 제2의 열풍을 불러올 수도 있기 때문이다.

원격진료기업 텔라닥 역시 도큐사인과 비슷하게 2000년 초반에 설립되었으나, 의사들의 반대로 거동이 불편한 장애 의사나 노인 의사 등 일부만 참여하고, 영상통화 같은 대면진료 인프라도 미흡하여 이용이 저조했다. 하지만, 미국에서는 병원 방문을 위해 1시간동안 차를 타고 이동하거나, 막대한 병원비로 병원 방문을 엄두도 내지 못하는 의료 소외계층이 상당수 존재하여 충분한 수요는 존재하는 상황이었다. 반전의 계기가 된 것은 오바마케어로 불리는 의료개혁법의 통과였다. 과다한 병원비 규제 및 기업의 직원 보험 가입 의무화로, 병원은 진료비를, 기업은 보험료를 낮추기 위해 원격진료를 도입하였다.

만성질환자의 경우 병가를 내고 단순히 약을 처방받기 위해 병원을 방문해야 했으나, 이제는 텔라닥으로 진료 및 약 배송까지 가능해지면서 직원과 회사의 만족도가 향상되었다. 코로나는 원격진료 산업을 급속도로 확산시켰고, 코로나 종식 이후에도 성장속도는 둔화하였지만 편의성을 무기로 이용자수가 꾸준히 증가하고 있다. 이처럼 코로나는 기업의 몰락과 새로운 스타기업의 부상을 가져왔고, 이러한 변화를 조기에 발견하고 투자한 사람들에게 상당한 수익을 안겨주었다. 발전된 IT기술과 고급 의료 서비스가 결합된 세계적인 의료플랫폼이 우리나라에서도 나올 수 있기를 희망한다.

몰입에 빠져들자

기차에서 창밖의 사물을 보면 빠르게 스쳐지나가서 어지럽고 멀미가 나지만, 먼 곳을 바라보면 전체적인 풍경이 보인다. 이처럼 하루하루 정신없이 바쁘게 살면 현재는 많은 성과를 낼 수 있지만, 세상의 변화를 알지 못해서 미래에는 좋은 성과를 내기 어렵다. 열심히 일하고, 부지런한 것이 미덕이 시대는 지났고, 앞으로는 스마트하게 일을 해야 하는 시대다. 일이나 학습의 양이 중요한 것이 아니라 질이 중요하며, 짧은 시간동안 나와 대상이 하나가 되어 시간의 흐름이나 환경의 변화를 느낄 수 없는 상태인 몰두가 필요하다.

몰입을 위해 가장 중요한 것은 생활의 간소화다. 많은 업무를 동시에 해내는 멀티태스킹과 많은 사람을 만나며 넓은 인적 네트워킹을 형성하는 것을 자랑으로 여기는 사람이 있으나, 이는 단기적으로만 가능하며 장기화할수록 실수가 늘어난다. 몰입은 단순한 환경에서, 여유로운 시간에 자신의 내면 깊이 빠져드는 과정에서 구현되므로, 업무의 양을 줄이고 우선순위를 정해 자신의 시간을 확보해야 한다.

믿음 또한 중요한 요소다. 물아일체는 대상과 내가 하나가 되는 것인데, 스스로 믿음과 확신을 갖지 못한다면 집중을 할 수가 없다. 지금의 노력이 당장의 성과로 이어지지는 않더라도, 물이 100도에 이르러야 끓듯이 모든 것이 차곡히 쌓여 결실을 보게 된다는 확신을 가질 때 의욕과 집중이 생긴다. 단순하면 지루하고 복잡하면 흥미가 떨어지므로, 적절한 난이도와 재미도 중요하다. 그래서 스포츠, 예술, 게임 등 자신이 좋아하는 분야는 즐기면서 오랜시간 동안 집중할 수 있는 것이다.

하지만, 몰입의 최고단계는 성취감과 만족감이다. 어려운 주제에 도전하여 이를 극복하는 과정에서 좌절과 실패를 맛보지만 한 발씩 나아가서 마침내 문제를 해결했을 때, 죽어도 여한이 없을 만큼의 성취감과 행복을 느끼게 된다. 그리고 이러한 만족감을 맛본 사람은 다시 몰입하기 쉬우며, 몰입의 진정한 가치를 깨닫게 되면 일을 놀이처럼 하는 경지에 이르게 된다.

빌게이츠는 매년 2주동안 생각 주간을 가지는데, 이 기간에는 직원과 가족 그 누구의 방문도 거절한 채, 산속 오두막에 칩거하며 책을 읽고 생각에 몰두한다. 그의 몰입은 3단계로 구성되는데 사전준비 단계에서는 생각의 주제와 관련 자료들을 최대한 많이 준비한다.

다음 단계는 관련자료를 우선순위를 정해 읽고 중요내용을 정리하며, 방향을 예측한다. 마지막으로 몰입의 결과물을 전문가들과 공유하며 실행방안을 마련하는데, 인터넷 브라우저, 온라인 비디오게임 등이 생각 주간의 산물이다.

마이크로소프트를 은퇴한 후에는 수익보다는 지구환경 문제에 관심을 기울이고 있는데, 지속가능한 화장실 사업도 그중 하나다. 첨단산업이 아닌 화장실이라는 점에 귀를 의심하지만, 우리가 아는 그 화장실이 맞다. 세계 인구의 절반이 상하수도 구분이 없는 환경에 살다보니 오염된 물을 강으로 흘려보내고, 그 물을 다시 먹게 된 아이들은 설사로 목숨을 잃는 일이 흔하다. 이에, 물 없이 사용 가능한 화장실 만들기 경연대회를 통해 소아 사망률이라는 문제를 해결하고 있다.

기후변화 역시 빌게이츠가 몰입하고 있는 주제다. 아시아의 바다를 위협하는 일본 원전 오염수에서 보듯이 원자력발전은 방사능 누출이라는 치명적인 위험을 안고 있다. 이에, 핵분열로 발생한 열을 물이 아닌 나트륨으로 냉각하여 오염수를 방지하고, 원자로와 주요장비를 일체형 압력용기에 담아, 사고 발생시 방사능 누출을 원천차단하는 청정에너지 방식의 소형원자로 개발에 몰두하고 있다. 미치지 않으면 미칠 수 없다는 불광불급不狂不及처럼, 몰입하지 않으면 이룰 수 없음을 명심하자.

끝까지 한다

새해에는 해돋이를 보며 다이어트, 금연 등의 목표를 세우지만, 이내 흐지부지해진다. 헬스장, 실내골프장이 1월에 연간회원권을 대규모 할인하는 것도, 이용객 상당수가 몇달만에 그만둘 것을 알기 때문이다. 하지만, 소수이기는 해도 일부 사람은 몇차례 위기를 무사히 넘기고 연말까지 목표를 달성하는데, 성공과 실패를 가르는 것은 의지력에 대한 관점의 차이다.

의지력을 소모품처럼 양이 정해져 있다고 믿는 사람은 흡연의 유혹을 여러번 참아내다 보면 의지력이 바닥나 더 이상 참기 어렵다고 생각한다. 의지력이 고갈되었다고 느끼면 집중력이 저하되어 쉽게 포기하고, 어차피 안 될 거라는 회의감, 무력감 때문에 시도조차 하지 않게 된다. 하지만, 의지력을 강화 대상으로 보는 사람은 흡연 유혹을 반복해서 참아내면 의지력이 누적된다고 느낀다. 여러번 성공을 경험하면 자신감이 붙게 되고, 실패하더라도 조금씩 개선됨을 느끼기에, 포기하지 않고 끝까지 하게 된다.

끝까지 해내려면 전체 계획을 세우는 것이 좋다. 미래가 계획대로 되는 것은 아니지만, 전체 단계를 그려보면 지금 어느 단계에 있고, 언제 다음 단계로 넘어갈지를 이해할 수 있다. 대략적임감이 생기면 단계별로 나누어야 하는데, 장기간에 걸친 시행기간 내내 집중력을 지속하는건 쉽지 않다. 작은 단위로 분할하면 단계별로 성취감을 느끼고, 지루함도 줄일 수 있다.

습관화도 중요한데, 버스가 정해진 노선을 따라 목적지에 도착하면 운행을 종료하듯이, 매일 해야 할 양을 정해서 자동으로 수행하는 것이다. 다이어트를 결심했다면 엘리베이터 대신 계단을 이용하고, 밥은 반공기만 먹는 등 정해진 방식대로 매일 수행하면 어느덧 목표에 도달한다.

작은 것부터 도전하는 것이 중요하다. 대부분 목표는 거창해야 한다고 생각하지만, 목표가 높을수록 포기도 빠르기에 소소한 것부터 시작하여 하나씩 높여나가야 한다. 아무리 열심히 노력해도 하루아침에 수영을 잘할 수는 없다. 얼굴을 물에 담그고 숨 쉬는 법부터 시작해서, 물속에서 숨쉬는 것이 편안해지면 몸을 물에 띄우고, 물 위에 안정적으로 떠 있게 되면 팔다리를 휘저어 물을 헤치고 나아갈 수 있다. 각 단계의 작은 성공들에서 성취감과 자신감을 갖게 되면 시키지 않아도 열심히 연습하게 되어, 결국 멋진 수영실력을 뽐낼 수 있다.

마지막으로, 성공시 스스로 보상해야 한다. 흡연을 참아낸 날에는 맛있는 음식을 사먹고, 다이어트에 성공한 날 스스로에게 멋진 옷을 선물하는 것이다. 보상이 사라지면 더 이상 노력을 하지 않아 보상을 꺼리는 사람도 있다. 하지만, 보상은 재미없는 것에 흥미를 붙이고 포기하고 싶은 것도 지속하게 만드는 보조제이므로, 스스로 수행이 습관화될 때까지는 유용한 수단으로 작용한다

미국에는 4천개의 기업이 상장되어 있고, 매년 수백개의 기업이 신규상장과 폐지를 반복하여, 회사명을 알고 있는 기업은 수백개에 지나지 않는다. 이역만리 떨어진 한국에서 알 정도면 한국에서 제품을 판매중인 글로벌 기업이거나, 매출이 수조원에 달해 뉴스 등을 통해 들어본 기업일 것이다. 반면, 한국과 연관이 없으면 수천억의 매출을 올리는 우량회사도 생소하니, 기술도, 제품도 없는 신생 하이테크기업은 이름조차 처음 들어보는게 당연하다.

정보가 없고, 기술이 이해되지 않아 자신의 분석이 번번이 빗나가는 일이 발생할 때마다 포기하고 싶은 마음이 생기고, 다른 사람의 투자비법을 그대로 따라하고 싶을 것이다. 하지만, 사람마다 성격과 투자환경이 다르고, 시대도 달라 타인의 비법이 나에

게도 성공할거란 보장이 없다. 작심삼일로 중간에 그만두었다면 다시 시작하면 된다. 예측이 틀리더라도 계속 분석하다보면 문제를 발견하고, 틀린 이유도 알게되며, 그런 경험이 켜켜이 쌓이면 흙속의 진주를 발견해내는 통찰의 날이 온다.

불가능을 수용하라

생각이나 행동이 남들과 달라 이해불가인 사람을 4차원이라고 부르는데, 차원은 움직일 수 있는 방향이다. 1차원인 직선은 좌우 한방향, 2차원인 평면은 좌우, 앞뒤 2방향, 3차원인 공간은 좌우, 앞뒤, 위아래 3방향으로 움직일 수 있으며, 우리가 사는 세상은 3차원 공간에, 시간이 추가된다. 생물은 자기가 사는 차원 이하만 인식할 수 있는데, 예를 들어 개미는 앞에 놓인 돌멩이가 2차원 평면에서 좌우, 앞뒤로 움직이는 것만 인지한다. 만약 3차원인 공중으로 들어올려지면 어디로 갔는지 이해 못하고 마술처럼 돌멩이가 사라졌다고 인식할 것이다. 따라서, 4차원 공간의 존재가 우리를 본다면 피카소 그림처럼 앞뒤좌우 모습을 동시에 보거나 과거, 현재, 미래 모습을 파노라마처럼 볼 수도 있다. 하지만,

3차원 존재인 우리는 상상만 할 뿐, 관측할 수는 없다.

우리가 눈으로 볼 수는 없지만 자연에는 4가지 힘이 존재하는데, 물체를 끌어당기는 중력, 전하의 상태에 따라 당기거나 밀어내는 전기력, 자성에 의해 발생하는 전자기력, 중성자와 양성자가 붕괴하면서 발생하는 상호작용력이 그것이다. 이 힘들은 독립적으로 혹은 상호작용하며 달리는 자동차를 멈추게 하는 마찰력, 비행기가 나는 양력, 배가 뜨는 부력 등으로 나타난다.

전기력에서 유래되어 미시세계에 존재하지만 우리가 사는 세상의 법칙과는 맞지 않아, 아직 완전히 이해할 수 없는 기술이 양자역학이다. 일반적인 과학은 결정론에 근거하여, 현재의 위치와 속도를 알면 미래의 위치와 속도도 알 수 있다. 지상에서 시속 2천킬로의 속도로 로켓을 발사하면, 1분 후 어디쯤 날고 있을지 예측하는 것은 어렵지 않다.

반면, 양자역학에서는 미시세계 물질을 구성하는 최소단위인 전자가 알갱이인 입자이면서 빛과 같은 파동이 겹쳐진 불확정 상태이다. 따라서, 위치와 속도는 결정된 것이 아니라 관찰하는 순간 하나로 확정된다고 믿는다. 눈으로 볼 수 없으니 상상만으로 이론을 설명할 수밖에 없는데, 이른바 슈뢰딩거의 고양이 실험이다.

나무상자에 고양이와 독약이 담긴 병이 있고, 병이 깨질 확률이 50%라면 한 시간뒤 이 고양이는 살아있을까, 죽었을까? 일반

과학이론으로는 고양이는 살아있거나 죽어있거나 2개의 답이 존재한다. 하지만, 양자역학 관점에서는 살아있거나 죽어있는 상태가 중첩되어 있다가 상자를 열어 확인하는 순간 생사가 하나로 확정된다. 세기의 천재인 아인슈타인조차 '신은 주사위 놀이를 하지 않는다'라는 말로서 양자역학의 비결정 논리를 비판했다.

그러나, 2022년 양자중첩 원리를 증명한 교수가 노벨물리학상을 수상하면서, 이해하기는 어렵지만 양자역학을 수용하게 되면서 양자컴퓨터 개발이 가속화되었다. 0과 1이라는 두 개의 변수로만 이루어진 현재의 컴퓨터로 미로찾기를 할 경우, 막다른 길에 도달하여 실패 시 다시 시작하는 방식으로 진행한다. 반면, 양자컴퓨터는 0, 1, 그리고 0이면서1이 겹쳐있는 변수가 가능하여 동시에 모든 길을 검색하는게 가능하다.

이와 같은 계산방식은 현재의 모든 보안시스템을 붕괴시킬 수 있는데, 인터넷 뱅킹, 온라인 결제 등의 보안은 컴퓨터가 곱셈은 잘하는데, 나눗셈은 잘 못한다는 특징을 기반으로 설계되어 있다. 예를 들어 36,853 X 48,897이 1,802,001,141라는걸 계산하기는 쉬우나, 반대로 1,802,001,141을 나누면 36,853과 48,897로 이뤄진다는 것은 계산하기는 어렵다.

따라서 인터넷뱅킹 사용자가 입력한 비밀번호와 은행의 비밀번호가 곱해진 값이 전송중 해킹되더라도, 역으로 나눈값을 추정하기 위해서는 한번 계산이 실패하고 다시 계산하는 것을 무한히 반복해야 하므로 현실적으로 불가능하다. 반면, 양자컴퓨터는 중첩이라는 특성을 활용하여 한번 시도, 실패, 재시도 방식이 아닌 한꺼번에 모든 수를 나누는 시도가 가능하다. 이것이 슈퍼컴퓨터가 계산하는데 수만년이 걸리는 문제를 양자컴퓨터는 몇 분만에 계산할 수 있는 비결이다.

물론 기술적 장벽이 존재하여, 전자가 움직이지 않고 겹쳐있게 만들기 위해서는 영하 273도까지 냉각해야 한다. 영하 273도는 우리가 사용하는 섭씨를 기준으로 나타낸 것으로, 이론적으로 최저온도이므로 절대영도로 불린다. 상온에서는 분자가 제각각 매우 빠른 속도로 움직이는 반면, 절대영도에서는 모든 입자의 운동에너지가 최소화되어 수천만개의 원자가 겹쳐져서 하나처럼 움직이는 양자현상이 나타난다. 하지만, 절대영도로 냉각하는 것이 쉽지 않고 성공하더라도 중력으로 인해 관측시간이 1초 미만에 불과한 한계가 있다.

또한 양자컴퓨터는 모든 경우의 수에 대하여 수천번의 계산을 동시에 진행하므로 0.1%의 오차만 있어도, 이것이 수천번 반복되면 정확성이 현저히 떨어지는 것도 해결해야 할 과제이다. 그럼에도 불구하고, IBM, 구글 등 대기업뿐만 아니라 벤처기업들이 양자컴퓨터 개발에 사활을 거는 이유는 미래의 게임체인저가 되기 때문이다. 최적의 교통량을 계산하여 차량, 항공, 선박 운항을 결정하고, 새로운 분자구조를 합성하여 신약이나 신소재를 개발하며, 기후변화 예측, 에너지 발전 효율화, 생산 최적화 등 모든 일상을 송두리째 바꿔 놓을 수 있다.

인공지능 역시 또 다른 이해불가의 기술로 진화하고 있다. 이세돌은 인공지능 알파고와 바둑대결에서 패배한 후, '인간이 진 것이 아니라 이세돌이 진 것이다.'라고 말했다. 이것은 바둑기보를 학습하고 승리 확률을 계산하는 알고리즘에 인간이 개입하여 과정과 결과를 예측하고 있었기 때문이다. 따라서, 인공지능의 알고리즘을 이해한다면 약점을 파고들어 인간이 승리할 수 있다고 믿어서였다.

과거의 인공지능은 기존 데이터를 학습하여 패턴을 인식하고 결과를 예측하는 모델이었으나, 현재의 인공지능은 텍스트뿐만 아니라 그림, 음성 등 모든 데이터를 스스로 학습하고, 오류를 수정한다. 인공신경망을 통해 인간의 뇌와 비슷한 방식으로 작동하므로 왜 이런 결과가 생성되었는지 개발자도 이해할 수 없는 수준에 도달하였다.

컴퓨터가 아무리 발달하더라도 글, 그림 등 경험, 창의성이 필요한 분야는 인공지능이 결코 해낼 수 없을거라는 예측은 틀렸다. 인공지능은 문화적, 사회적 경험 없이도, 감정이나 내면세계에 대한 이해 없이도, 인간의 창의성과 상상력을 뛰어넘는 결과물을 생성하고 있다. 오히려 상상의 한계가 없으므로 불가능한 분야를 생각할 때는 인공지능의 도움으로 창의성을 더욱 확장할 수 있다.

　인류가 최초로 불을 발견했을 때 어떤 화학작용으로 불이 붙는지 알지 못했지만, 불을 사용함으로써 추위와 질병의 고통에서 벗어날 수 있었다. 관측할 수 없고, 원리를 이해하지 못한다고 해서 새로운 기술을 외면하거나 두려워할 필요는 없다. 충분한 지식이 없더라도 신기술을 수용하고 사용하는 데는 아무 문제 없으므로, 불가능한 현상도 열린 자세로 수용할 때 통찰력도 한차원 높게 진화할 것이다.

실패에서 배운다

에디슨이 수천번의 실패 끝에 전구개발에 성공한 후, 기자가 수 없이 실패했을 때 기분이 어땠는지를 묻자 "난 실패한 적이 없으며, 전구를 만들 수 없는 수천가지 방법을 알아냈다."라고 대답했다. 실패를 하게 되면 실패 이유와 해결책에 대해 밤낮없이 생각을 거듭하게 되는데, 창의성은 그 과정에서 길러진다. 그래서, 실패를 많이 경험한 기업일수록 위기 상황이 발생했을 때 해결능력이 빛을 발한다.

최근 우크라이나 전쟁, 이스라엘 가자지구 전쟁을 계기로 관심이 급증한 저궤도 위성통신 서비스의 원조는 구글이었다. 구글은 정보격차를 해소하기 위해 태양열로 작동하는 대형풍선에 데이터 송수신기를 부착해 인터넷 서비스를 제공하는 룬 프로젝트를 기획했다. 세계 최초로 아프리카에서 서비스를 개시하였으나, 아쉽게도 기술 부족과 비용 증가로 인해 몇년전 중도 포기를 선언했다.

구글, 유튜브, 알파고 등 모든 사업에서 승승장구할 것처럼 여겨지는 구글이지만, 지금까지 무수히 많은 사업을 중단하고도, 실패를 숨기거나 부끄러워하지 않는다. 인터넷에 구글 묘지 사이트google cemetery를 방문하면 연도별로 중단했거나 중단예정인 사업이 나오는데, 무려 약 200개의 사업이 중단되었음을 알 수 있다.

대부분의 사람은 실패를 숨기거나 잊으려 하지만, 구글은 실패 책임을 묻지 않는다. 대신에, 실패 원인을 분석하고, 해결방안을 수립하여 다른 사람들과 공유함으로써 실패데이터를 자산으로 축적하고 활용한다. 구글의 성공 비결은 실패를 좌절이 아닌 배움과 혁신의 도구로 활용한 덕분이며 지금도 스마트안경, 자율주행차 등 혁신적 제품을 개발중이다.

1986년 우주왕복선 챌린저의 발사가 TV로 생중계되던 중 폭발하여 탑승자 7명이 전원 사망했다. 사고조사 결과 추운 날씨로 고무패킹이 얼어붙으면서 그 사이로 새어나온 연료에 불이 붙어 폭발한 것으로 밝혀졌다. 발사당일까지 고무링 제조회사는 추위 때문에 고무링이 기능하지 못할 수 있어 발사연기를 요청했으나, 나사가 성과달성을 위해 무시한 것이 드러났다. 겨우 고무링 부품 하나 때문에 수천억원의 개발비가 허공으로 사라졌고, TV를 지켜보던 많은 시청자에겐 충격과 공포로 각인되었다.

1:29:300이라는 하인리히 법칙이 있다. 미국 보험회사에 근무하던 하인리히가 사고사례를 분석하니, 한 건의 대형사고가 발생하기 전에 29번의 작은 사고가 발생하고, 그 전에 300번의 징후가 나타난다는 사실이다. 우주왕복선 사고를 계기로 발사와 관련된 모든 절차를 세분화하고 각 단계별 점검사항과 다음 단계와의 연계사항 등을 복합적으로 진단하는 관리체계를 구축하였다. 그 덕분에, 3년후 우주왕복선 프로젝트를 성공적으로 재개할 수 있었다.

요즘 많이 쓰는 LED 전등도 일본인 과학자의 집요한 도전 덕분이다. 전력 소모는 적으면서 밝고 오래쓰는 LED는 1960년에 빨간색, 노란색, 초록색 등이 개발되었지만, 파란색 개발에는 계속 실패했다. 파란색이 왜 중요할까 싶지만, 빛의 삼원색인 빨강, 초록, 파랑을 결합해야 일상생활에서 가장 많이 사용하는 백색의 LED 제작이 가능하므로 파랑LED가 반드시 필요했다. 수십년간 계속된 실패와 불가능한 제품을 개발한다는 주변의 무시에도 불구하고, 그는 다양한 시도 끝에 파랑LED 개발에 성공하여 노벨상을 수상했다. 우리가 전등, TV, 휴대폰에서 밝고 화려한 화면을 볼 수 있는 것은 대학교수도, 대기업 연구원도 아닌 지방 중소기업 개발자인 그의 끈질긴 도전 덕분이다.

2023년 카이스트에서 실패한 순간을 공유하고 자랑하는 실패주간 행사가 최초로 열렸다. 실험시약이 0.1미리 부족하여 그동안의 실험과정이 모두 허사가 되거나, 자동차를 개조하여 유라시아를 횡단하던 중 교통사고로 여행을 포기하는 등 가슴 아픈 사연을 숨기지 않고 당당히 공개한 것을 보고, 우리나라도 실패를 대하는 문화가 바뀌고 있음을 느꼈다. 실패를 압박과 두려움의 대상으로 여기면 자괴감을 느끼고 감추고 싶다. 하지만, 성공으로 가는 통과의례로 여기면 주변의 도움으로 해결책을 모색하기 위해 실패를 공개하고, 때로는 웃음으로 승화시킬 수도 있다.

유연하게 사고하라

배를 타고 있는 최고의 검객에게 불량배가 시비를 걸며 결투를 청하자, 그는 좁은 배에서 칼을 휘두르면 사람이 다치니, 저 앞의 섬에서 대결하자고 제안한다. 배가 섬에 다다르자 불량배는 섬으로 뛰어내렸고, 뒤에 서 있던 검객은 뱃머리를 돌려 나오며 싸우지 않고도 이길 수 있었다. 최고의 검객은 싸워도 이길게 당연하지만, 결투를 피함으로써 앞으로 있을 결투로 인한 수많은 싸움과 원한, 복수를 미연에 방지할 수 있었다. 이처럼 유연한 사고를 통해 발상의 전환에서 비롯된 발명품을 우리 주변에서 흔히 찾아볼 수 있다.

세계에서 제일 높은 빌딩인 두바이의 부르즈 할리파는 높이가 약 830미터인 163층으로, 우리나라의 롯데월드타워 123층보다 40층이나 높다. 과거 목재빌딩은 가벼우나 내구성이 약하고, 석조빌딩은 구조가 단단하나 무거워서 높게 지을 수 없었으나, 강철 기둥이 개발되면서 강도와 무게의 약점이 해결되어 초고층 빌딩 건설이 가능해졌다.

그러나 초고층 빌딩이 본격화되는데 일등공신은 엘리베이터 였다. 밧줄과 도르래를 이용하여 물건을 옮기는 기계는 오래전 부터 있었으나, 밧줄이 끊어지는 추락사고 때문에 사람을 태운 다는 생각은 하지 못했었다. 오티스는 밧줄이 끊어지면 스프링 이 튀어나와 톱니에 걸리는 제동장치를 개발하였지만, 여전히 사 람들은 엘리베이터에 타기를 주저했다. 그러자, 자신이 엘리베이 터에 탑승하고 줄을 끊게 하여 엘리베이터가 자동으로 정지하는 것을 증명하였다.

이를 계기로 백화점에 최초로 엘리베이터를 설치하는데 성공 했지만, 속도가 너무 느려 계단으로 올라가는 것이 더 빠를 정도 로 속도에 대한 불만이 급증했다. 엔지니어들은 해결책을 고심했 지만 당시의 기술로는 한계에 부딪혔다. 이를 해결하는 아이디어 는 엘리베이터 청소부가 제안했는데, 엘리베이터를 타는 동안 머 리와 옷매무새를 손질할 수 있게 거울을 다는 것이었다. 반신반 의하며 거울을 설치한 후, 사람들은 자연스레 거울 속 자신의 모 습을 보는 동안 목적지에 도착했고, 느린 속도에 대한 불만은 잦 아들었다. 느린 속도라는 이슈에만 집착하지 않고, 불만 해결이라는 유연한 사고가 있었기에 가능했다.

에스컬레이터 또한 마찬가지다. 엘리베이터처럼 오래 기다리지 않고, 한꺼번에 사람이 많이 탈 수 있는 계단을 만들기 위해 컨베이어벨트에 나무판자를 달아 경사 엘리베이터를 만들었다. 하지만, 움직이는 계단이 위험하다는 인식 때문에 설치가 쉽지 않자 놀이공원에 우선 설치하였다. 실제 탑승한 사람이 위험성보다 편리성을 체감하자, 잠재력을 알아챈 백화점을 시작으로 지하철, 공항 등으로 설치가 확산되었다.

유연한 사고를 하기 위해서는 다양하게 관심을 가져야 한다. 특정 분야를 깊이 파고드는 것은 전문성을 강화시키지만, 창의적인 생각은 다양한 분야를 조합하는데서 비롯된다. 통제를 최소화하는 것도 필요하다. 남자가, 나이가, 체면이 등을 이유로 내가 할 수 있을까라는 자기검열에 들어가는 순간 융통성이 부족해지므로, 자유롭게 생각하고 행동해야 한다.

타인의 말을 경청하는 것도 중요한데, 타인의 의견에 무조건 동의하거나 수용하라는 것이 아니다. 타인의 관점에서 바라보면 내가 놓치고 있던 것이나, 자신의 고정관념이 만들어 놓은 벽을 알아차릴 수도 있다. 또한, 타인의 아이디어를 실마리로 자신의 생각을 더해 새로운 해결책이 떠오를 수도 있다.

지구에서 우주정거장까지 케이블을 연결하여 물건과 사람을 이동시키는 우주 엘리베이터는 공상과학 소설에서 처음 등장했다. 논문을 통해 이론적으로 가능함이 입증되자 나사를 비롯한 주요 연구기관이 우주엘리베이터 대회를 개최하면서 다양한 아이디어가 쏟아졌다. 물론, 우주까지 연결될 가벼우면서 강도가 높은 케이블, 엘리베이터를 움직이는 동력장치, 고장에 대비한 관리방법 등을 생각하면 아직 갈 길이 멀다.

하지만, 엘리베이터를 처음 만든 오티스도 미래에는 200층의 초고층건물이 건설될거라고는 예상하지 못했듯이, 조금씩 진행하다보면 어느덧 불가능이 가능으로 바뀌기도 한다. 편협한 사고에 묶여 시도하지 않으면 성공확률은 0%지만, 하찮고 볼품없는 시도라도 첫발을 떼는 순간 성공확률은 올라간다.

직관은 지식과
경험에서 나온다

'$X^n + Y^n = Z^n$ n이 3이상의 정수일 때, 이 방정식을 만족하는 정수 X, Y, Z는 존재하지 않는다. 나는 경이적인 방법으로 이 정리를 증명했지만, 책의 여백이 좁아 여기에 적지 않는다.' 언뜻 보면 중학생도 풀 수 있을 정도로 간단한 이 방정식은 '페르마의 마지막 정리'이다. 전세계 모든 수학자가 증명에 도전하여 성공하기까지 무려 350년이 걸린 문제를, 아마추어 수학자인 페르마는 저 방정식이 참이라는 것을 직관적으로 알고 있었다.

　직관은 합리적 논리나 과학적 근거를 댈 수는 없지만, 대상을 즉각적으로 파악하는 능력이다. 추론이나 판단을 거치지 않아, 마음대로 결정하는 것처럼 보이나 지식과 경험에서 비롯된다. 운동선수가 날아오는 작은 공을 볼 때 시간과 속도를 계산하기에는 공식이 복잡하다. 공의 회전과 바람 등 변수가 많아 움직임을 보고 반응하기에는 공은 너무 빠르고, 날아오는 시간이 짧다. 그런데도, 어린 선수들조차 공을 잘 쳐내는걸 보면 머리로 계산해서 대처하는 것이 아니다. 오랜 훈련을 통해 볼이냐 스트라이크냐는 두가지 선택으로 단순화하여 직관적으로 스윙을 결정하는 것이다.

원시시대 인류는 달려오는 야생동물 앞에서 나무에 올라갈지, 바위 밑에 숨을지 신속하게 결정해야 했고, 이런 과정을 반복하며 직관능력도 진화했을 것이다. 본능적으로 무언가를 감지하는 육감과는 달리, 직관은 오랜기간 수많은 학습을 통해 누적된 노력의 결과다. 나이가 든다고 저절로 늘어나는 것이 아니라, 축적된 정보를 변형하고, 개선하는 과정을 통해 강화된다. 그래서 직관은 자신이 잘 알고 있는 분야, 즉 지식과 경험이 풍부한 분야에서 발휘된다.

하지만, 선무당이 사람 잡듯이 어설픈 직관은 경계해야 한다. 세 번 연속 동전의 앞면이 나왔다고 해서 네번째는 동전의 뒷면이 나올 확률이 높아지는 것은 아니다. 앞에 던진 동전의 결과가 뒤에 던질 동전의 결과에 영향을 미치지 않고, 동전은 던질 때 앞면과 뒷면이 나올 확률은 언제나 1/2로 동일하기 때문이다. 독립된 사건을 인과관계로 엮는다든지, 우연을 필연으로 인식하는 등 막연한 마음의 끌림으로 인한 직관은, 보고싶은 것만 보고 믿고싶은 것만 믿게 만들어 편견만 강화시키므로 주의해야 한다.

에디슨은 세계 최초로 백열전구를 발명했지만, 자신이 발명한 직류전기가 최고라고 생각하고, 자신의 조수였던 테슬라의 교류전기를 인정하지 않았다. 오히려 교류전기의 위험성을 알린다는 목적으로 전기 사형의자를 제작했다. 또한, 코끼리를 교류전기로 처형하는 등 많은 방해공작을 펼쳤지만, 교류전기는 효율성이 인정되어 전력 발전의 세계 표준이 되었다.

한 사람의 지식과 노력만으로 첨단제품을 만드는 시기는 지났다. 이제는 기존의 이론, 아이디어에 새로운 지식과 기술이 합쳐지는 시대이므로, 새로운 사람을 만나 다양한 의견을 들으며 직관의 질을 높여 나가야 한다.

미니멀 라이프

미니멀 라이프는 소비를 줄이고, 생활을 단순히 하여 시간, 돈, 노력을 절약하는 것이다. 여기서 중요한 것은 소유를 줄이는 미니멀이 아니다. 물건을 관리하느라 흘려보냈던 시간과 노력을 독서, 여행, 자아개발에 사용함으로써 풍요롭고 행복한 라이프를 만드는 것이다.

미니멀 라이프의 첫 단계는 물건을 줄이는 것이다. 대용량이 싸다는 이유로 구매했으나 먹지 않은 음식물로 채워진 냉장고, 계절별로 새로 샀으나 몇 번 입지 않은 옷들이 가득한 옷장, 언제 샀는지 기억도 나지 않는 오래된 책이 책장에 가득찬다. 쇼핑을 할 때만 돈과 시간이 드는 것이 아니라 오래되어 상한 음식을 버리고, 계절이 바뀌면 드라이클리닝을 하는 등 관리에도 많은 노력이 소모된다. 음식은 먹을만큼만 구매하고, 기존의 옷을 버린 후 새옷을 사고, 읽지 않는 책은 중고로 파는 등 필요없는 물건은 정리해야 새로운 공간이 생긴다.

일도 줄여야 한다. 자신이 모든 것을 다 관여해야만 직성이 풀리는 사람이 있다. 남을 믿지 못하는 꼼꼼한 성격때문일 수도 있고, 다른 사람을 지휘 감독하는 권한을 즐기는 성향 때문일 수도 있다. 그러나 사소한 일들까지 직접 챙기다 보면 정작 중요한 일을 처리할 시간이 부족해진다. 일을 우선순위와 중요순위에 따라 구분하고, 사소한 일들은 주변 사람에게 맡기고, 자신은 더 중요한 일을 결정하는데 집중하자.

관계도 다이어트가 필요하다. 휴대전화에 저장된 전화번호를 보면 같은 학교나 직장, 비즈니스 관계, 동호회 등 사교모임을 통해 알게 된 사람이 수백명이 넘을 것이다. 그러나, 최근 한달간 통화한 사람을 세어보면 수십명에 불과하다. 다양한 인적 네트워크가 나중에 도움이 될 것이라는 막연한 생각에 연락처를 쉽게 지우지 못하는데, 친구와 지인은 다르다. 친구는 아무 이유 없이 전화하며 안부를 묻고, 시시콜콜한 얘기를 나누며 기쁨과 슬픔을 함께 할 수 있는 깊은 관계로서 그런 친구는 열명을 넘기 힘들다.

반면, 지인은 목적이 있어야 만나고 좋은 사람으로 보이기 위해 포장하고 이해관계가 맞아야 유지된다. 직장이라는 울타리가 사라지고 사업이 힘들어져 더 이상 거래가 없어지면, 인간관계도 같이 끊어진다. 따라서, 그동안 다양한 대소사에 참여하며 인간관계를 유지하기 위해 투입한 시간, 돈, 노력은 모두 부질없어지는 순간이 오므로, 인간관계도 진정한 친구 위주로 축소할 필요가 있다.

마지막으로, 마음도 비워야 한다. 복잡한 고민으로 고생하던 사람이 해결책을 찾기 위해 현자를 찾아갔더니, 차를 한잔하자며 방으로 안내했다. 현자가 차를 따르기 시작하여 잔이 넘치는데도 멈추지 않았다. 그가 잔이 넘치는데 왜 계속 부었는지 항의하자, 현자는 "너 마음도 이와 같다. 비우지 않고서는 새로운 것이 들어올 수 없으니 흘러넘칠 수밖에 없다"라고 대답했다. 머릿속이 복잡하면 생각이 정리되지 않고 생활이 바쁘면 다른데 신경을 쓸 겨를이 없다. 통찰을 원한다면 머리와 마음을 비워내고 삶의 여유를 찾아야 한다.

날개 없는 선풍기를 만든 다이슨 본사에는 '전기를 사용한 최초의 선풍기는 1882년에 발명되었다. 그리고 127년간 바뀌지 않았다.'라는 글귀가 적혀있다. 창업자인 제임스 다이슨은 아이들이 손가락을 넣어서 다치는걸 보고, 날개 없는 선풍기를 만들 수 없을까라는 생각을 했다. 많은 시도 끝에 비행기 제트엔진처럼 받침대에 설치된 모터에서 공기를 흡입하여, 위쪽의 원형틀을 통해 빠르게 내보냄으로써 혁신적 선풍기를 개발할 수 있었다. 필수라고 여겼던 날개를 버렸을 때 진정한 혁신이 찾아온 것이다.

꼬리에 꼬리를 무는
융합 독서

4차산업혁명 시대에 가장 필요한 능력을 한가지 꼽으라면 창의성이다. 모든 데이터를 검색할 수 있는 인공지능과 비교하면 인간이 평생 체득할 수 있는 정보는 보잘것없는 수준에 불과하다. 하지만, 인간이 인공지능을 개발하고 과학기술을 발전시킬 수 있는 것은 상상력에 기반한 창의성 덕분이다. 세상에 없는 정보를 가상으로 만들어내는 상상력은 지식이 다양한 방식으로 연결될 때 발휘되기에, 융합독서는 창의성을 높이는 비결이다.

　융합독서는 단순히 다양한 책을 읽는 것이 아니라, 연관성이 있는 책을 광범위하게 읽음으로써 체계적인 지식을 축적하는 것이다. 1권의 책을 10번 읽으면 머리에 오래 기억되어 수험공부에 적합한 방식이고, 다양한 분야의 10권의 책을 읽으면 교양의 범위를 넓히는데 적합하다. 하지만, 융합독서는 한가지 주제에 대해 여러 분야에서 서술한 10권의 책을 읽음으로써 해당분야를 깊이있게 이해하여, 전체적인 시각에서 볼 수 있는 통찰을 얻게 된다.

융합독서의 시작은 연관분야를 선정하는 것에서 출발한다. 주제와 관련하여 자신이 알고 있는 배경지식을 떠올린 후, 정치, 경제, 사회, 문화 등 어떤 분야가 주제와 연관이 있는지를 탐색한다. 생소한 주제이거나, 자신의 배경지식이 부족한 경우에는 인터넷을 검색하여 많이 언급되는 단어를 찾아 관련 분야를 선정해도 된다.

다음단계는 분야별로 자신의 지식수준에 맞는 책을 선정하는 것이다. 평소 인문학 서적을 주로 읽었던 사람은 주제와 관련된 경제, 사회분야의 책은 전문서적을 읽어도 이해하는데 어려움이 없다. 하지만, 과학기술에 대해 배경지식이 부족하다면 과학분야는 초급수준부터 중급수준에 이르는 다양한 난이도의 책을 여러권 읽는게 좋다. 책을 읽을 때는 단순히 지식 습득의 목적이 아니라, 주제에 대해서 어떤 관점을 가지고 어떻게 접근하는지를 점검하며 읽어야 한다.

마지막으로 제일 중요한 것이 독서내용의 융합 정리다. 각 분야의 책의 핵심내용을 정리하고, 다른 분야의 내용과 모순되거나 배치되는 부분은 없는지, 다른 분야와 밀접하게 연결되는 부분은 없는지를 생각해봐야 한다. 책을 완전히 이해하고 자신만의 관점으로 재구성할 때, 새로운 깨달음을 얻을 수 있다.

예를 들어 우주탐사 관련 융합독서를 한다면 과학, 역사, 경제, 사회 분야를 선정한 후, 로켓과 우주선 개발에 필요한 과학기술 서적을 읽는다. 그리고, 세계 각국의 우주탐사의 역사에 관한 책, 우주개발의 경제적 효과와 관련 산업 전망에 관한 책, 우주개발이 가져올 일상생활 및 사회의 변화 등에 관한 책을 읽는다. 그리고 융합정리 단계에서는 과거 우주개발 역사의 기술적 한계가 현재의 과학기술에서는 어떻게 극복되었는지, 우주개발의 경제성이 확보되었는지, 우주개발에 따른 규제와 환경문제 등은 없는지를 확인한다. 이러한 과정에서 우주 분야의 모든 지식이 그물망처럼 촘촘하게 연결되면, 책에서 다루지 못한 새로운 아이디어가 떠오르거나, 책보다 나은 방안을 찾아내게 되는 것이다.

융합독서는 지식을 습득하기 위한 단순한 독서가 아니다. 지식을 얻는게 목적이라면 TV, 인터넷 등 더 재밌고 다양한 시청각 자료가 많다. 융합독서는 하나의 주제를 종으로 횡으로 넓고 깊게 파고들어 폭넓은 관점을 정립하고, 관련 분야를 서로 연결하여 새로운 가치를 발견하는 데 목적이 있다. 따라서, 마지막 책장을 덮은 후의 융합정리가 융합독서에서 가장 중요한 순간이다.

건강한 육체에 건전한 정신

뇌는 신체에서 가장 많은 에너지를 소비하는 곳이다. 몸무게에서 차지하는 비중은 2%에 불과하지만 우리가 소비하는 에너지의 25%가 뇌에서 사용되는데, 코끼리의 뇌가 3%, 쥐의 뇌가 5%의 에너지를 소비하는 것과 비교하면 엄청난 수준이다. 인간의 뇌는 감각기관을 통해 쏟아져들어오는 신호를 인식하고, 중요성의 여부를 판단하며, 학습과 기억 등 복잡한 작업을 쉴새없이 수행하기 때문이다.

운동은 뇌세포 생성을 촉진하고, 정보 전달 및 뇌의 판단과 관련한 뉴런을 활성화하여 집중력과 인지기능을 상승시킨다. 또한 혈액순환을 활성화하고, 기분좋은 피로감을 통해 수면의 질도 향상시킨다. 뇌는 수면기간 동안 정보를 받아들이고 저장, 삭제, 판단하는 과정에서 쌓인 노폐물을 제거한다. 만약 깊은 잠을 자지 못한다면 뇌의 노폐물이 제거되지 않고 쌓이게 되어 알츠하이머(치매) 같은 질환에 걸릴 위험이 증가한다. 또한 수면 중에는 저장된 기억이 통합되면서 기억이 강화되므로, 수면 부족시 인지능력이 저하되어 기억이나 판단에 어려움을 겪게 된다.

운동은 뇌 건강뿐 아니라 행복한 감정을 유지하는데도 필수다. 일상생활에서 스트레스가 쌓이면 소화불량, 피곤함 등을 경험하게 되는데, 운동을 하면 혈액순환을 촉진하고 기분을 개선하는 호르몬이 분비되어 스트레스가 감소한다. 또한 신선한 공기와 따뜻한 햇볕을 쬐게 되면 기분조절에 연관된 세르토닌, 도파민 등이 생성되면서 불안, 우울감이 줄어들고 행복감이 증가한다.

운동은 산소가 많이 필요한지의 여부에 따라 유산소운동과 무산소운동으로 나뉘는데, 유산소운동을 추천한다. 무산소 운동은 짧은 시간동안 강한 동작을 반복하는 근력운동으로서 쉽게 지치므로 매일 지속하기가 어렵다. 반면, 유산소운동은 걷기, 자전거타기, 등산 등 일상생활에서 힘들지 않고 쉽게 할 수 있으며, 야외에서 자연을 느낄 수 있어 정신건강에도 도움이 된다.

운동을 하기까지 가장 멀게 느껴지는 곳이 현관문까지의 거리다. 하지만, 현관문을 나서게 되면 이왕 하는거 열심히 하자는 생각이 들게 되고, 운동 후의 상쾌함과 뿌듯함을 맛보게 되면 내

일은 문밖을 나서기가 더 수월해진다. 오늘부터 당장 10분만이라도 운동을 시작하자.

3부

용기 : 불확실성과 손실위험을 무릅쓰고

절대로 실패하지 않는 법은 불확실한 것을 하지 않는 것이다.
하지만, 시도하지 않으면 아무 것도 얻을 수 없다.

1장

。

기업 이슈

될성부른 기업은 떡잎 때부터 투자하는 벤처캐피탈

세계에서 가장 높은 히말라야 등반에 성공하기 위해서는 산을 가장 잘 알고 있는 셰르파의 도움이 절대적이다. 셰르파는 단순한 안내인이 아니라, 등반로와 출발시간 등 모든 전략을 수립하는 코치이자, 무거운 짐을 운반하는 짐꾼, 음식을 만드는 요리사까지 등반의 모든 과정에서 중요한 역할을 수행한다.

지금의 세계적인 IT기업도 사업을 시작했을 때는 기술과 아이디어뿐이었으며, 사무실이라고 불릴만한 번듯한 장소도 없어 금융기관으로부터 대출을 받기가 불가능했다. 이름에서부터 모험과 자본이 결합한 벤처캐피탈은 이런 설립 초기 하이테크기업의 주식에 투자하여 셰르파처럼 기업이 정상에 오를 수 있게 물심양면으로 도운 후, 거래소 상장이나, 회사 매각 등을 통해 수익을 추구하는 투자회사이다. 신생기업은 제대로 된 제품이나 매출이 없어, 벤처캐피탈은 오랜 경험을 통해 습득한 자신만의 기준을 바탕으로 투자를 결정하는데, 투자회사별로 차별화된 특징이 있다.

왓츠앱, 인스타그램, 줌, 유튜브 등의 공통점은 세쿼이어캐피탈이 투자해서 1조원 이상의 유니콘기업으로 성장시킨 회사들이다. 세쿼이어는 높이가 백미터가 넘는 세계에서 가장 큰 나무로, 캘리포니아에는 세쿼이어에 구멍을 뚫어 터널처럼 자동차가 지나가게 만든 곳도 있을 정도다. 세쿼이어캐피탈이 가장 중요하게 여기는 투자기준은 시장의 크기다. 거대한 나무로 자라기 위해서는 넓고 깊게 뿌리를 내릴 수 있는 땅이 중요하듯이, 대기업으로 성장하기 위해서는 거대한 수요와 매출이 가능한 시장이 있어야 한다고 믿는다.

바론캐피탈은 장기 성장성을 중요하게 여긴다. 아무도 증시의 고점과 저점을 알 수 없고, 경제 상황에 따라 증시의 등락이 반복되므로, 단기적 성과가 아닌 장기적 성장에 초점을 맞춰 투자해야만 시장상황에 흔들리지 않고 수익이 가능하다고 생각한다. 따라서, 현재 호황인 산업보다는 미래에 유망한 산업에 속한 신생기업을 낮은 가격에 투자하는 전략을 구사한다.

베일리 기포드는 경쟁우위의 지속성에 초점을 맞춘다. 가장 먼저 매수하고 가장 늦게 매도한다는 투자철학에서 알 수 있듯이, 좋은 기술을 보유한 기업에 장기간 투자하다 보면 수익도 급성장할 것이라는 믿음을 갖고 있다. 대부분의 벤처캐피탈은 연기금, 회사 등으로부터 자금을 모아 투자를 진행하기 때문에 몇년 안에 가시적인 성과를 보여야 하는 시간적 압박을 겪는다. 반면, 베일리 기포드는 투자회사 지분을 100% 임직원이 소유하고 있어, 외부 투자자의 자금회수 우려 없이 안정적인 의사결정이 가능하므로 십년 이상 투자하는 종목도 많다.

캐시 우드Cathie Wood의 아크인베스트도 빼놓을 수 없는데, 한국에서는 이름을 본떠서 돈나무Cash Wood 언니로 불리는 그녀는, 남들이 은퇴하는 나이인 60세에 자산운용사를 창업했다. 70세라는 나이에도 불구하고, 기존 산업의 작동원리를 뒤엎는 파괴적 혁신에 투자한다는 공격적인 운용철학으로 인공지능, 생명과학, 로봇 등 미래 발전이 예상되는 하이테크기업에 투자한다. 기술을 최우선 하다 보니, 수년간 매출이 없거나 적자인 기업에도 투자하여, 파산하거나 상장폐지 되어 수익률이 급등락하는 등 투자위험이 높다는 비판이 있다. 그러나, 테슬라 초기 투자 성공 사례에서 보듯이 혁신적 기업에서 수십배 수익이 발생하면, 투자에 실패한 기업의 손실을 모두 상쇄 가능하다는 전략으로, 미래를 선도할 혁신기업에 지속적으로 투자하고 있다.

이처럼 벤처 캐피탈은 회사의 비전, 전략에 따라 투자기업을 선별하는 기준은 다르지만, 한가지 공통점을 보유하고 있다. 될

성부른 기업을 설립 초기 때부터 투자하여 높은 수익을 추구한다는 것이다. 우량기업도 매출 감소, 적자 전환 등 많은 부침을 겪는데, 하물며 매출이 존재하지 않는 신생 하이테크기업은 시장의 작은 충격에도 주가가 큰 폭으로 등락할 수밖에 없다. 지금부터는 신생기업에 어떤 사건들이 발생하고, 어떻게 대응해야 할지 알아보고자 한다.

낮은 매출을 해결할
수익창출 방안이 있는가?

설립 10년 이하이면서 기업가치가 10억달러(1조 3천억원) 이상인 벤처기업을 유니콘이라고 한다. 제대로 된 매출이나 수익도 없이 높은 기업가치를 인정받는 것은 상상속 동물만큼이나 희귀해서 붙여진 이름이다. 유니콘이 더 성장해서 기업가치가 100억달러(13조원)를 넘게되면 10개의 뿔이 달린 데카콘이 된다. 미국에는 유니콘이 약 500개, 데카콘이 약 30개 있는데, 기업가치는 어떻게 산정되기에 상상 속 동물치고는 이렇게 많은걸까?

기업가치는 크게 자산평가, 수익평가, 비교기업평가의 3가지 방식을 사용한다. 먼저, 자산평가는 회사가 보유한 자산에서 부채를 차감하면 남는 순자산으로 산정하는데, 신생기업은 이렇다 할 자산이 없으니 적용이 어렵다. 수익평가는 미래에 벌어들인

수익을 현재가치로 할인하는 방식인데, 현재 제품개발 단계이거나, 매출이 미미한 기업의 경우 미래 수익을 추정하는데 제약이 있다. 비교기업평가는 유사한 기업이 상장이나 합병 시 인정받은 가치와 자신의 회사를 비교하여 계산하는데, 회사가 기존에 없던 제품이나 기술을 개발한다면 비교대상 기업이 없는 문제가 발생한다.

결국, 기존의 가치평가방식을 적용하기에는 한계가 있어, 제품의 시장규모에서 자신의 회사제품 점유율을 추정하거나, 시장의 성장률을 예측하는 등 많은 가정과 추정을 적용하다 보니 동일기업이라도 가치가 10배이상 차이가 나기도 한다. 하지만, 벤처기업이 살아남을 확률이 낮더라도 살아남은 한 개의 기업이 유니콘, 데카콘이 되면 수십배의 수익 달성이 가능하기에, 기업가치 추정 오차를 심각하게 여기지 않는다.

코로나 전인 2019년 모더나는 매출이 700억에 불과한 소형 제약회사였다. 하지만, 바이러스 표면의 단백질 정보 등을 변형해 인체에 주사하면, 약물이 분해되지 않고 세포까지 이동해서 면역반응을 일으키는 새로운 제조방식 개발에 성공했다. 이 기술 덕분에 수년이 소요되던 신약개발을 수개월로 단축하며 코로나 백신 개발에 성공할 수 있었고, 22년 23조원의 매출을 기록하며 3년만에 300배 이상 증가하였다. 이제는 코로나가 일반 감염병화되며 매출이 급감했지만, 코로나 백신 제조기술을 활용하여 암과 같은 중증 질병 치료용 신약 개발에 매진하고 있다.

챗GPT를 서비스하는 오픈AI는 2015년 설립 이후 수입 없이 대부분의 서비스를 무료로 제공함에도 기업가치는 매년 급성장하여 수백조에 달한다. 생성형AI는 단순히 검색결과를 표출하는 게 아니라, 마치 비서가 작성하듯이 완성형 작품을 순식간에 제작함으로써 이용자수가 출시 두달만에 1억명, 일년도 안되어 10억명을 넘어섰다. 사용자가 급증하면서 생성형AI를 거래할 수 있는 GPT스토어를 개설하자, 교육, 디자인, 여행, 음악 등에 특화되어 텍스트, 이미지, 영상을 생성해내는 수십만개의 생성형AI 프로그램이 등록되었다. 애플의 앱스토어처럼 누구나 자신이 개발한 생성형AI를 업로드하고, 오픈AI는 판매대금의 일부를 수수료로 징수하는 방식으로 수익화에 나섰다. 압도적인 성능의 생성형AI 개발에만 그치지 않고, 플랫폼 사업까지 도입되면서 향후 수입도 폭발적으로 증가할 것으로 예상된다.

그러나 사용자가 아무리 많더라도 이를 매출로 연결하지 못하면 결국 파산에 직면할 수밖에 없다. 에버노트는 2000년대초 클라우드를 기반으로 휴대폰과 컴퓨터에 연동이 가능한 메모장을 출시하였다. 웹사이트, 이메일 등을 에버노트에 저장하고, 이미지의 텍스트도 추출하여 검색할 수 있는 등 혁신적으로 평가받는 서비스로 2억명이 넘는 사용자를 끌어모으며 유니콘이 되었다. 많은 사용자수에 자신감을 얻어 유료화 서비스를 도입했지만, 간단한 메모기능을 주로 사용하던 고객은 용량 증대의 필요성을 느끼지 못했다. 또한, 광고수입 등 비즈니스 모델 다각화 실패, 경쟁사의 무료 서비스 출시에 따른 고객 이탈 등으로 인해 결국 몰락을 피할 수 없었다.

모든 기업은 사업 초기에 제품 부재, 이용자 부족 등으로 인해 매출이 없거나 미미한 시기를 겪게 된다. 하지만, 미래의 혁신적 제품 출시를 위한 기술축적의 과정이라면 지금의 낮은 매출은 문제가 되지 않는다. 대신, 낮은 매출 기간이 얼마나 장기화할지, 무료 이용자의 유료 전환이 가능한지, 다른 수익창출 방안이 있는지는 꼭 살펴봐야 한다.

의도된 적자는 괜찮다

육참골단肉斬骨斷 자신의 살을 내주고 상대의 뼈를 자른다는 무시무시한 사자성어는 작은 희생을 감내함으로써 더 큰 이익을 꾀하는 것을 뜻한다. 중국에서 말이 수레를 끄는 전차경주에서 세 번 중 두번이상 이긴 사람이 상금을 차지하는 게임에서 이기기 위한 승리전략으로 사용되었다. 게임 참여자가 계속된 패배의 원인을 분석하다가 말의 속력이 상중하로 차이가 나는걸 발견했다. 그는 자신의 가장 느린 수레와 상대의 가장 빠른 수레를 대결시켜 패하게 한 후, 자신의 빠른 수레는 상대의 중간 수레와 자신의 중간 수레는 상대의 느린 수레와 시합하게 만들어 2승1패로 승리한 데서 유래했다. 기업의 존재 목적은 이윤 창출이며, 소비자에게 가치를 제공하고 종업원에게 일자리를 창출하며, 사회경제 발전에 이바지하는 것은 부수적 목표일 뿐이다. 하지만, 때로는 2보 전진을 위한 1보 후퇴처럼 기업 존재 목적을 버리고 더 큰 수익을 위해 의도적으로 적자를 내기도 한다.

쿠팡 없는 삶은 상상할 수 없게 만들겠다는 슬로건으로 온라인쇼핑에 진출한 쿠팡은 여러모로 특이한 회사다. 사업장소는 한국인데, 한국계 미국인 창업자가, 일본 소프트뱅크에서 투자를 받아, 미국 나스닥에 상장하였다. 다양한 제품 구비, 편리한 웹사이트 구축 등에 초점을 맞추는 다른 쇼핑몰과 달리, 쿠팡은 배송에 승부를 걸었다. 쿠팡 물류센터에는 무인지게차가 팔레트에 놓인 대형 박스를 카메라와 센서를 통해 주변 사물과 충돌없이 정해진 위치로 옮긴다. 그러면, 무인로봇이 QR코드를 스캔하여 제품이 담긴 선반을 이동하고, 분류로봇이 배송지별로 자동분류한다. 쿠팡은 대규모 적자가 지속됨에도 아랑곳하지 않고 물류 인프라 구축에 수조원을 쏟아붇고, 쿠팡맨을 고용하여 배송 속도와 서비스를 향상했다. 수익 확대를 위해 유료 멤버십 제도를 도입하여, 쿠팡플레이 이용 등 종합서비스를 제공함으로써 고객을 쿠팡에 묶어두는데 성공했다.

멤버십을 통해 무료배송, 무료반품 서비스 도입시 물건값보다 배송비가 더 비싸거나 잦은 반품으로 적자가 확대될거라는 우려가 많았다. 그러나, 마음에 안 들면 반품하면 그만이라는 생각을 갖게함으로써 구매율 증가를 통해 매출 확대에 성공했다. 또한 고객은 물건을 사면 쿠팡은 수입이 발생하지만 판매자에게 대금 지급은 일주일 이상 늦출 수 있다. 매출이 지속적으로 발생한다면 적자에도 불구하고 운영자금 부족이 발생하지 않는 사업구조도, 8년간의 기나긴 적자를 견디고 흑자 전환에 성공할 수 있었던 요인이다.

하지만, 매출이 증가하는만큼 적자도 증가하거나, 상당기간이 지나도 흑자로 전환하지 못한다면 몰락할 수밖에 없는데, 세계 부동산 시장의 큰손으로 군림했던 위워크를 보면 알 수 있다. 위워크는 2008년 금융위기 이후 실업자가 된 사람들에게 도심의 사무실을 공유임대하며 급성장하였다. 세계 100개 도시에 5백개가 넘는 사무실을 운영하면서 기업가치가 60조원을 넘을때도 있었지만, 지금은 파산했다.

위워크의 몰락에는 자가용 비행기 구입 등의 방만함, 경영진 부동산을 회사에 임대해 수익을 창출하는 부도덕함, 재택근무 확산에 따른 수요 부진 등이 영향을 주었다. 하지만, 가장 치명적으로 작용한 것은 선 대규모지출, 후 소규모수입의 사업구조였다. 위워크는 회사자금으로 장기간 건물 임차비용을 지급하고, 향후 세입자에게 단기 월세로 수입을 추구하는 형태이다. 도매로 건물 한개층을 임차하고 소매로 10개 사무실로 쪼개 임대하려면, 회사가 먼저 대규모 임차비를 지급해야 했기에 장기간 자금이 묶여 있는 치명적 단점이 있다. 즉, 빌딩 전체를 2년간 임차했지만 코로나로 일부 사무실만 수개월 임대하게 되면, 공실로 인한 손실을 모두 떠안아야 한다.

쿠팡이 고객 묶어두기 전략 등으로 장기 충성고객을 구축하고, 재구매율을 높여 흑자로 전환했듯이, 위워크도 장기적 현금흐름을 위해 징기임대를 늘리려 했나. 하지만, 위워크의 고객은 수개월간 이용하는 단기고객이라는 특성이 있다. 이들은 일시적으로는 비싼 월세를 지불하나, 사업이 잘되면 저렴한 단독 사무실로 옮겨가므로 재임대율을 높이기에는 한계가 있다. 따라서, 장기간 적자에 놓은 기업은 적자가 의도된 것인지, 이를 극복할 차별화된 사업전략이나 고객을 묶어두는 킬러 서비스가 있는지 등을 구분할 수 있어야 한다.

아마추어 농사꾼은 열매를 보며 일하지만, 프로 농사꾼은 나무가 튼튼한지, 토양이 비옥한지를 본다. 당장은 수익이 나지 않아도, 고객이 많아지면 매출은 늘고, 매출이 늘면 수익은 시간이 지나면 따라오기 때문이다.

현금고갈을
견딜 수 있는 회사

캘리포니아와 네바다주 경계에 데스밸리라고 불리는 거대한 사막이 있다. 온도가 50도가 넘고 매우 건조하여 사람이 살 수 없는 척박한 땅이지만, 선인장, 전갈, 방울뱀 등은 이런 극한 조건에서도 살아남는다. 스타트업이 창업초기 투자자금이 고갈되어 생존위기에 놓이는 것을 데스밸리에 비유하는 것도, 대부분의 기업이 이 고비를 넘지 못하고 파산하기 때문이다. 운좋게 1차 데스밸리를 넘더라도 모형개발, 모의테스트 등 제품이 출시되어 매출이 발생하기까지 추가 투자유치에 실패하면 2차, 3차 데스밸리 문턱을 넘지 못한다.

기업이 데스밸리에 살아남을 수 있을지를 판단하기 위해서는 현금보유량을 반드시 확인해야 한다. 런웨이runway는 주로 패션쇼에서 모델이 걷는 무대나 항공기 활주로를 뜻하지만 벤처기업이 현금이 고갈되기 전까지 버티는 시간을 뜻하기도 한다. 보유현금이 100억인데 매년 50억의 적자가 발생한다면 기업의 런웨이 생존기간은 2년밖에 남지 않은 것이다. 기업의 수명을 늘리기 위해서는 내출을 통해 자금을 늘려야 하나 담보가 없어 쉽지 않고, 무작정 비용을 줄인다면 경쟁력을 잃거나, 성장이 정체될 수 있다.

투자자 이력을 살펴보는 것도 중요한데, 기업의 성장수준에 따라 시리즈A, B 등 단계적으로 투자가 이뤄진다. 벤치캐피탈이 두 번 이상 투자에 참여했다면, 기존 투자금을 포기하지 않기 위해서라도 계속 투자를 진행하게 된다. 유명한 벤처캐피탈이 투자자로 등재되어 있다면, 이들의 투자 성공 사례를 벤치마킹하는 다른 벤처캐피탈의 참여를 이끌어내기 용이하다. 민간에서 투자가 어렵다면 정부 지원 여부를 살펴봐야 한다. 친환경 발전, 우주 항공 등 정부가 전략적으로 육성하는 사업은 사업지원 보조금을 지급하며, 국방 등 국가 필수사업은 프로젝트별로 연구개발비를 지원하므로 자금부족 걱정을 덜 수 있다.

실제로 기업이 직면하는 현금고갈은 주로 사업초기 시제품 개발이나 시범 서비스를 개시하는 시점에 발생한다. 시제품에 대한 시장의 반응이 좋다면 사업을 본격적으로 추진할 수 있지만, 관심이 저조하면 제대로 된 사업을 펼쳐보지 못하고 사라지게 된다.

버진오빗은 괴짜 사업가 리처드 브랜슨의 명성에 걸맞게 독특한 방식으로 로켓을 발사하는 회사였다. 지상 로켓발사는 중력으로 인해 많은 연료가 소비되고, 날씨의 영향으로 발사일자도 신중하게 결정해야 하는 단점이 있다. 이에, 버진오빗은 보잉747 항공기가 로켓을 싣고 날아가 10km 상공에서 로켓을 발사하는 방식을 택했다. 이러한 발사는 연료를 아끼고 날씨에 영향을 받지 않는다는 장점이 있으나, 무게 제약으로 1개의 소형위성만 탑재 가능하다. 하지만, 다수의 군집위성을 원하는 시장수요와 반대되고, 기술적 미완성으로 성공과 실패를 반복하여 신뢰가 하락하면서 1조원이 넘는 운영비가 고갈되어 파산하게 되었다.

반면 비슷한 시기에, 독일의 이자르 에어로스페이스는 로켓을 한번도 발사하지 않았음에도 불구하고 2천억이 넘는 투자금을 유치했다. 비결은 미국, 중국에 뒤처진 유럽의 우주기술 육성을 위해 독일과 유럽우주국으로부터 수백억의 지원금을 받았기 때문이다. 이 덕분에 다양한 대학, 연구소와 협력관계를 구축하면서 공공부문 사업이 증가했다. 그리고, 위성과 연결되는 미래 자동차 개발회사 등 민간부문 사업도 확대되면서 제품출시에 필요한 충분한 자금을 확보할 수 있었다.

두번째 단계는 정식으로 제품이나 서비스를 출시하여 판매를 시작하지만, 인력을 충원하고, 활발한 마케팅으로 인해 판매비용이 증가하여, 물건을 팔수록 적자가 늘어나 현금이 고갈되는 구간이다. 이 기간까지는 계속 투자금을 소비하여 재무상황이 마이너스를 기록하다가, 다음 단계인 대량생산부터는 가파르게 수익이 성장하는데, 이러한 그래프 형태를 본떠 J커브라고 부른다. 매출이 꾸준히 증가하고 있다면, 앞서 살펴본 쿠팡 사례와 같이 시장점유율 확대를 위한 의도적인 적자로 인식되어 추가적인 투자유치를 통해 현금고갈을 벗어날 수 있다. 하지만, 제품가격을 경쟁적으로 인하하며 치킨게임을 벌이는 중이라면 파산을 면하기 어렵다.

제2의 테슬라를 꿈꾸며 수백개의 전기차 제조회사가 생겨났지만, 수익을 달성하는 회사는 소수에 불과하다. 미국 전기버스 제조사인 프로테라도 상장폐지를 피할 수 없었는데, 친환경으로 각광받으며 흥행을 일으키던 전기차의 몰락은 보조금 축소가 결정적이었다. 경기침체와 고물가로 재정적자가 장기화되자 세계 각국은 보조금을 줄이기 시작했고, 영국과 중국 등 보조금을 폐지하는 국가도 생겨났다. 보조금 없이는 수천만원 이상 비싼 전기차를 구매하는 것이 부담스러워졌다. 전기차 회사는 판매 확대를 위해 경쟁적으로 제품가격을 낮췄고, 재무구조가 취약한 회사들은 더 이상 수익 악화를 견딜 수 없게 된 것이다.

또한, 고물가를 억제하기 위해 내연기관차의 생산폐지 시기를 10년 이상 늦추는 국가들이 생겨나면서, 충전 인프라와 배터리 성능이 개선될 때까지 전기차 구입을 미루는 현상이 생겨났다.

결국, 고성능 전기차 개발을 위한 투자금은 부족한데, 실적이 부진하여 투자를 받기 어렵고 수요 둔화까지 겹치면서 제2의 데스밸리를 넘지 못하게 된 것이다.

마지막 관문은 대량생산을 위한 대규모 설비투자로 인한 자금고갈이다. 흑자로 전환하기 위해서는 규모의 경제를 통한 단가인하가 필수다. 제품생산에는 기계설비와 같은 고정비와 원재료 같은 변동비가 발생한다. 제품을 많이 생산할수록 고정비가 분산되어 생산단가가 낮아지므로, 대량생산은 흑자전환을 위한 필수 단계이다. 그러나, 많은 기업이 대량생산에서 실패하는데, 5인분의 음식을 잘 만드는 요리사도 200인분의 음식을 만들게 하면 재료손질부터, 조리기구, 음식의 간 조절까지 많은 난관에 봉착하는 것과 같다.

우선 일관된 품질유지가 어렵다. 소량의 제품을 만들 시 제품제작에 많은 노력과 시간을 들여 고품질을 유지할 수 있으나, 수만개의 제품을 만들다보면 불량이 발생하기 쉽다. 재고관리도 쉽지 않아 미리 만들어 놓으면 기능이 저하될 수 있고, 동시에 여러 개를 만들면 특정 재료가 부족할 수도 있다. 생산공정의 표준화도 난제다. 과거에는 소수의 전문가가 여러 공정의 제작에 참여할 수 있었으나, 이제는 생산과정을 자동화하고 표준화하여 구분하지 않으면 대량생산이 불가능하다.

2018년 테슬라의 생산지옥이 이를 잘 보여준다. 테슬라는 캘

리포니아의 자동차 생산공장을 개조하여 생산성 향상을 위해 수백대의 조립로봇을 설치하여 용접, 조립, 도색 등 자동자 생산 전 과정을 자동화하였다. 그러나, 운영 미숙으로 오류가 빈번하게 발생하고 그때마다 생산라인 전체가 중단되었다. 결국, 생산 공정별로 엔지니어를 투입하여 사람과 로봇이 업무를 분담하며 생산을 이어갔다. 하지만 불량품 증가 등으로 생산량이 저하되어, 판매할 수 있는 차량이 부족해지면서 심각한 현금고갈에 직면했다.

뉴스에는 테슬라 파산설이 연일 보도되며 테슬라 채권은 투자 부적격인 정크본드로 전락하고, 주가는 급락했다. 그러나, 대량생산 결함이 극복 가능한 일시적 장애라고 분석한 투자자는 유상증자에 참여했다. 테슬라는 지속적으로 오류를 개선하며 자동화된 기가팩토리를 세계 주요 도시에 건설하며 대량생산에 성공했고, 2018년 50조에 불과하던 기업가치도 수백조원에 이르게 되었다.

사고는 피할 수 없으나,
대처방법이 명운을 가른다

가지 많은 나무는 바람 잘 날이 없듯이, 기업 경영은 제품개발, 생산, 판매, 재무, 홍보, 고객관리 등의 다양한 분야에서 끊임없는 사건사고를 겪는다. 이 과정에서 대처방식에 따라 일시적 해프닝으로 끝날 수도 있고, 막대한 벌금을 지불하며 기업의 명운이 갈리기도 한다.

미국 2대 통신회사인 T모바일은 고객 1억명의 이름, 생년월일, 운전면허번호 등 주요 개인정보가 해킹되어 유출되는 사고가 발생했다. 해커는 해당 정보를 유상으로 판매하겠다고 선언하자 회사는 해킹사실을 즉각 공포하고 수사에 협조하며, 고객보상 및 사이버보안 강화를 위해 6,500억을 지급하기로 결정했다. 이로 인해 대규모 손실이 발생했으나, 신속하고 적극적인 대처로 고객

이탈 등 추가 위험이 확산되는 것을 차단할 수 있었다.

반면, 2023년 자산이 260조에 달하는 대형은행인 실리콘밸리은행은 횡령, 분식 등 금융사고가 없는데도 손실 발표 이틀만에 전대미문의 속도로 파산했다. 갑작스런 몰락의 배경에는 잘못된 의사결정이 누적된 상황에서 사건사고에 대한 수습이 잘못되었기 때문이다. 실리콘밸리은행은 캘리포니아의 스타트업, 벤처기업이 주고객으로, 투자회사로부터 받은 투자금을 회사 운영비로 사용히기 위해 예치하는 경우가 많았다.

일반적인 은행은 예금자에게는 낮은 예금이자를 주고 대출자에게 높은 대출이자를 받는 이자 차액이 주요 수익이다. 그러나, 실리콘밸리은행은 대출이 아닌 장기 국채로 자금을 운용하였고, 이것은 두가지 측면에서 치명적인 실수였다. 대부분의 예금은 1년 내외의 단기자금이어서 언제든 출금 요청이 가능했지만, 은행이 투자한 국채는 10년, 20년 등 장기자금이다보니 투자기간에 심각한 불일치가 발생했다. 평상시라면 미국 국채는 부도위험이 없는 세계 최고의 안전자산이므로 언제든지 현금화가 가능하지만, 금융시장이 불안한 시기에는 막대한 물량을 현금화하기가 어렵다.

더 심각한 것은, 급등한 물가를 잡기 위해 지속적으로 기준금리를 올리고 있어 금리에 반비례하는 채권 가격은 하락중이었고, 장기채권일수록 하락폭이 훨씬 크다는 점이었다. 은행은 장기 국채를 매각하며 2조원이 넘는 손실을 기록했고 유상증자를 통해 자본을 확충하겠다는 계획을 발표했다.

그러나 이는 불안을 더욱 가중시켰고 고객들은 앞다퉈 예금을 인출하며 뱅크런이 발생했다. 불안감이 고조되자 투자자는 주식을 대규모로 매도하면서 주가는 하루에 60% 넘게 폭락하여 결국 파산하게 되었다. 투자자산 분산과 만기 매칭 위험관리라는 기본적인 자금운용 원칙만 지켰더라면, 뱅크런시 자금 인출을 중단했더라면, 유상증자가 아닌 예금보호 확대 등으로 사고를 수습했더라면, 파산까지 가지는 않았을 것이다.

소형로켓으로 우주궤도에 위성을 실어나르는 로켓랩은, 2023년 약 3년만에 발사에 실패하며 주가가 30% 가까이 폭락하는 사태가 발생했다. 회사는 사고 직후, 향후 예정된 로켓발사 일정을 모두 취소하고, 사고원인 분석 및 안전대책 수립에 전념한다는 계획을 발표하면서 주가는 하락폭을 축소하며 8% 하락으로 마감되었다. 로켓랩은 연방항공청과 합동조사를 통해 로켓부품에서 불꽃이 튀는 문제점을 발견하고 관련 부품을 모두 교체한 후, 발사를 재개했다. 실패를 극복하고 재발방지 대책을 통해 신뢰성을 회복하면서 카이스트와 위성 계약, 국방부로부터 7천억원에 달하는 대규모 발사체 개발 계약 등을 잇달아 수주했다.

두회사 모두 예상치 못한 사고가 발생하여 주가가 급락했지만, 실리콘밸리은행은 파산으로, 로켓랩은 생존으로 서로 다른 길을 걷게 된 이유는 무엇일까? 그것은 사고가 일회성인지, 파급 영향이 어디까지 미치는지, 그리고 회사가 수습할 능력이 있는지 여부다. 만약 실리콘밸리은행이 채권가격 하락 시 지속적으로 분할 매도하며 손실금액을 줄였거나, 재발방지 대책을 수립하여 위험이 은행 전체로 확산되는 것을 방지할 수 있었을 것이다. 과거 유사한 위기상황을 해결한 이력을 강조했다면, 고객 불안을 잠재울 수 있었을텐데 사고 대처가 미흡했다.

반면, 로켓랩은 수년간 40회 이상 로켓을 발사하면서 수많은 시행착오를 거쳤고, 사고에 대한 준비가 항상 되어 있었다. 우리나라도 2023년 누리호 3차발사에 성공하기까지 지난 30년간 총 11회의 로켓발사 중 4회나 실패한 것으로도, 로켓발사는 언제든 실패할 수 있는 고난이도 작업임을 알 수 있다. 모든 사고를 예방하거나 피하는 것은 불가능하기에 사고에 대비하고 수습하는 능력이 중요하며, 이는 기업의 과거 사고대처 행태를 살펴보면 알수 있다.

피할 수 없는 숙명인 특허분쟁

세상을 놀라게하는 신제품과 혁신기술은 오랜기간 수조원의 돈과 노력이 결합하여 탄생한다. 힘들게 개발한 기술을 훔쳐 누구나 수익을 창출할 있다면, 아무도 기술개발에 나서지 않기 때문에, 개발자가 정당한 보상을 받을 수 있도록 보호하는 것이 특허다. 그렇지만, 무기한으로 권리를 인정한다면 특허를 보유한 기업만 생존하여 독점의 피해가 발생한다. 기술은 하늘에서 갑자기 떨어지는 것이 아니라 기존의 기술을 바탕으로 변형, 개선을 거쳐 한단계 발전하는 것이므로, 특허권을 대부분 20년으로 제한하여 구기술의 토대 위에서 혁신적인 신기술 개발을 장려한다.

하지만, 아무리 좋은 제도도 이를 악용하는 세력은 있기 마련인데, 흔히 특허괴물로 불리는 특허관리 전문회사는 분쟁이 될

만한 특허를 사들인 후, 소송을 제기하여 수익을 추구한다. 삼성과 애플처럼 제조기업 간의 특허분쟁은 생산과정에서 서로의 특허가 혼합 적용되는 경우가 많아, 쌍방이 특허침해 소송으로 확대되어 봤자 소송비용만 증가하므로 적절하게 타협하거나, 상호 기술사용을 허용하는 방식으로 합의하는 경우가 많다.

반면, 특허괴물은 생산을 하지 않아 소송을 당한 제조회사가 맞소송하려 해도 제품이 없어서 불가하므로, 거액의 배상금을 지불하며 합의하는 수밖에 없다. 애플과는 합의로 소송을 종결한 삼성전자였지만, 특허괴물 넷리스트가 제기한 반도체 기술침해 소송은 4천억 배상 판결을 받게 되었다. 넷리스트의 창업자가 LG반도체 출신의 한국인이라는 점에서 비즈니스 세계의 냉정함이 더 아프게 와 닿지만, 돈 앞에서 국적이 의미없는 사례는 많이 있다.

2020년 노벨화학상은 DNA를 잘라서 유전정보를 추가, 삭제할 수 있는 유전자가위 크리스퍼를 개발한 버클리대 교수가 수상하였다. 이 기술이 실용화된다면 치료가 불가능한 난치성질환을 DNA에서 잘라서 제거함으로써, 질병을 예방할 수 있는 마법 같은 일이 가능해진다. 고기양이 두배인 소, 병충해 강한 작물 등 유전자 변형 동식물 재배도 가능하여 생명공학의 대변화를 가져올 꿈의 기술이다.

이러한 막대한 영향력 때문에 노벨상 수상 여부와 상관없이

버클리대와 MIT-하버드대, 세계 굴지의 연구소 사이에서 최초 기술개발자와 최초 특허등록자 관련 특허분쟁이 십년 넘게 이어지고 있다. 소송 결과에 따라 이들로부터 특허사용권을 구매한 기업은, 개발중인 제품이 무효화되거나 타사의 특허를 추가로 구매해야 하는 등의 비용 증가도 불가피하므로, 특허 분쟁 시 파급효과를 잘 따져봐야 한다.

반면, 때로는 수년간 지속된 특허분쟁이 우호적 협력으로 해결되기도 한다. 무인비행 기술회사인 위스크는 핵심 기술자가 이직 시 기술을 빼돌렸다고 주장하며, 에어택시 개발회사인 아처에 특허침해로 1조3천억원을 배상하라는 소송을 제기하였다. 표면적인 이유는 특허침해였으나 아처는 미국 항공사인 유나이티드가 투자한 회사인 반면, 위스크는 세계 최대 항공기 제작사인 보잉의 자회사다.

에어택시가 근거리 항공 수요를 잠식할 수 있다는 위기감이 분쟁의 본질이었기에 소송 해결은 난망해 보였다. 하지만 소모적인 특허분쟁으로 제살을 깎아먹기보다는 특허수수료 대가로 주식을 취득하고, 향후 무인 에어택시 개발에 협력하기로 합의함으로써 분쟁은 극적으로 해결되었다. 앞에 놓인 파이 한조각을 두고 싸우기보다는, 협심하여 태동 단계인 도심항공업 시장 전체를 차지하는 것이 유리하다고 판단한 것이다.

천재 발명가라 하더라도 무에서 유를 창조하는 것은 불가능하기에, 하이테크기업에게 특허분쟁은 피할 수 없는 숙명이다. 하지만, 기술적 관점에서만 보면 영원히 해결 불가능할 것 같은 사안도 사업적 관점에서 보면 의외로 쉽게 해결될 수 있음을 잊지 말자.

핵심인력은 갔지만,
나는 보내지 아니하였습니다

애플의 인공지능 책임자인 굿 펠로우는 코로나 종식으로 주3회 사무실 출근을 요구받자 퇴사했다. 책임자급의 핵심인력이 연봉이나, 업무 문제가 아니라 재택근무가 불가능하다는 이유로 세계 최고의 회사인 애플을 퇴사했을까라는 의문이 들 수 있다. 하지만, 코로나 기간동안 미국에서 매년 5천만명이 퇴사하는 등 더 이상 퇴사는 특별한 사유로 인해 발생하는 이벤트가 아니다.

하이테크기업의 가장 중요한 자산은 인력이다. 인공지능 등 새로운 기술이 확산되면서 개발자에 대한 수요는 급증한 반면, 대학에서 전문지식을 습득하고 현장에서 실무를 익힌 기술자를 양성하는 데는 오랜 시간이 소요되어, 핵심 기술자 부족에 따른 인력 쟁탈전이 심화되고 있다. 기업 측면에서 퇴사는 인력 채용,

교육에 따른 비용 부담뿐 아니라, 추진중인 사업이 지연되거나 중단되는 우려가 있고 경쟁사로 이직할 경우 기술이 유출될 수도 있다.

이에, 당근과 채찍으로서 핵심인력에게 스톡옵션을 부여하거나, 오래 근무할수록 많은 주식을 보상하는 성과급 제도를 통해 보상을 강화하거나, 기술유출 소송 등을 통해 경쟁사로 이직을 금지하는 페널티를 부과했다. 그러나, 일시적으로 여겼던 재택근무가 장기화되면서 출퇴근 시간 절약, 불편한 상시외의 회의에서 해방, 일과 삶의 균형, 높은 만족도를 경험하면서, 경제적 보상보다는 근무환경이 직원들에게 중요한 고려사항으로 부상했다.

반면, 관리자들은 비대면 회의의 한계, 업무 생산성 저하, 직원 관리의 어려움으로 재택근무에 반대했다. 사무실 근무의 가장 큰 장점은 필요할 때 다양한 관계자가 참석하여 업무협력을 극대화할 수 있다는 점이지만, 모든 업무가 협력이 요구되지 않는다. 특히 기술개발은 어느정도의 진척이 있을 때까지는 개인의 집중과 몰두가 필요하므로 핵심인력의 유출을 방지하기 위해서는 경제적 보상만이 아니라 유연하고 탄력적인 근무환경도 필요하다.

원격근무를 가능케 하는 것은 신뢰와 자율이다. 회사가 직원에 대한 신뢰 없이는 눈앞에서 일거수일투족 관리가 불가한 재택근무 방식은 도입될 수 없다. 관리 감독 없이는 일을 통제할 수 없다면, 해당 직원의 자질이나 능력이 문제가 있으므로 해고하는 것이 바람직하다. 직원은 자율 속에서도 책임감을 갖고 몰두하여 성과를 달성해야 하며, 성과는 스스로 성취하고자 하는 욕구가 있을 때 커진다. 그러므로, 직원이 높은 만족도와 성취감을 가진 회사는 발전할 가능성이 높다.

한편, 기업철학이나 사업전략에 대한 이견으로 경영진이 자진 사임하거나 해고되기도 하는데, 애플의 스티브 잡스가 대표적이다. 잡스는 독단적인 성격과 직설적인 화법으로 경영진과 사사건건 부딪치는 일이 많았고, 이사회는 경영자로서 자질 부족을 이유로 해고했다. 쫓겨난 그는 루카스필름을 인수해 픽사로 사명을 변경하고 만화 토이스토리를 통해 성공을 거두었다. 반면, 애플은 매출 부진으로 어려움을 겪게 되자 10년만에 잡스를 회사로 복귀시켜 애플의 성공신화를 만들었다.

생성형AI의 개척자이자 최강자인 오픈AI의 샘 올트먼의 해고도 유사하다. 그는 인공지능이 인간의 삶을 획기적으로 개선할거라 믿으며 성능 개선을 위한 대규모 투자금 확보를 위해 마이크로소프트에게 지분을 매각하고, 해외 유명 기관투자자와 추가 투자를 협의하며 수수료 부과 방식의 유료화 서비스도 도입했다.

하지만, 엔지니어들은 인공지능이 인간처럼 자의식을 가지게 되어 부적절하게 사용되는 것을 방지하는 기술개발이 시급하며, 그때까지 상업적 사용을 금지해야 한다고 주장하며 갈등을 빚었다. 생성형AI의 상징처럼 여겨졌던 그의 갑작스러운 해고에 대하여 직원들은 내부권력 갈등에 따른 희생양으로 여겨 핵심 기술자가 동반 퇴사하고 여론도 악화되었다. 결국, 이사회 구성원들이 사퇴하고 그가 대표이사로 복귀하는 것으로 해프닝은 일주일만에 막을 내렸다.

세계화로 국경이 없어진 시대에, 코로나로 온오프라인의 경계도 사라지게 되면서 노트북, 스마트폰으로 공간의 제한 없이 원격근무를 하는 디지털 유목민이 늘어나며 인재 이동이 더욱 가속화되었다. 변화의 시대에 경직된 방식으로 과거를 고수하여 핵심인력이 지속적으로 이탈하고 있다면, 기업의 경쟁력에도 치명적일 수밖에 없다. 핵심인력의 사임은 단순히 한사람의 노동력이 감소한 것이 아닌, 그가 추진했던 사업전략, 협력회사, 투자사 등과의 모든 관계가 단절되기 때문에 투자중인 회사의 핵심인력 변동이 있는지를 체크해야 한다.

잘나가는 회사에는
특별한 기업문화가 있다

하이테크기업에 가장 중요한 것은 기술이지만, 기술을 만드는 것은 사람이기에, 좋은 기업문화를 가진 기업은 좋은 인재를 끌어들인다. 직원들은 같은 회사 조직원으로서 유대감, 소속감을 가지는 동시에 업무에 따라 타부서와 경쟁, 갈등을 겪기도 한다. 기획부는 회사발전 전략을 수립하며 대규모 투자를 원하지만, 재무부는 자금사정을 고려하여 투자를 축소시킨다. 디자인부는 날렵하고 세련된 혁신적인 제품을 디자인하지만, 생산부는 현재의 기술과 생산설비로는 제품생산이 불가능하다고 말한다.

이렇게 조직 내 의견충돌이 발생하는 경우 기업문화에 따라 대응방식도 다르다. 원칙을 중시하는 기업은 부서 간 업무 권한과 책임을 명확히 구분하도록 규정이나 절차를 수립하지만, 자율을 중시하는 기업은 부서 간 대화를 통해 원만한 합의를 도모하는 등 재량을 인정한다.

기업문화는 사무실 좌석배치만 봐도 한번에 알아챌 수 있다. 위계질서를 중시하는 기업문화는 창가에서부터 직급별로 자리가 배치되어 출입문 근처는 신입직원의 사리이며, 모든 직원의 출퇴근 시간이 9시부터 6시로 동일하다. 반면, 자율과 책임을 중시하는 기업문화는 정해진 좌석없이 자리를 선택할 수 있고, 육아, 자기개발 등 각자의 사정에 따라 출퇴근 시간을 자신이 결정한다. 그러나 자율이 높다는 것은 잘못에 대한 책임도 높으므로, 잡담하거나 여유를 부리지 않고 근무에 집중할 수밖에 없다. 빅테크 기업의 식당, 병원, 체육관 등 복지시설은 이동시간을 줄여서 휴식을 즐긴 후, 곧바로 업무에 집중하라는 취지에서 만들어졌다.

권위적인 회사는 직급이 올라갈수록 큰 사무실과 비서, 기사 등을 제공하며 근무환경을 직원과 차별화하여 성공에 대한 자부심을 느끼게 하고, 업무보다는 대외활동에 치중한다. 반면, 좋은 기업문화를 가진 회사는 임원도 직원과 동등하게 같은 책상에서 근무하면서 언제든지 소통하고 더 많은 책임과 의사결정에 참여하며, 우수한 리더들을 계속 길러낼 수 있는 환경을 만든다.

기업문화를 얘기하면 가장 먼저 떠올리는 넷플릭스의 기업문화는 한마디로 자유와 책임이다. 휴가, 비용, 근무시간 등이 모두 자유롭고 제한규정이 없으면 제도를 악용하거나 무질서가 난무

할거 같지만, 넷플릭스에 입사할 정도의 직원이라면 합리적 수준의 양심과 책임을 보유하고 있다고 믿는 것이다. 또한 지속적인 일탈에 대비하여, 직원이 상사에게 지금 퇴사한다면 어떻게 할지를 물으면 상사는 그동안의 성과와 부족한 점에 대해 솔직하고 공개적으로 평가해주는 장치도 있다.

'배를 만들고 싶다면 사람들에게 나무를 모으게 하는 대신, 넓고 끝없는 바다를 동경하게 하라'는 어린왕자의 글귀처럼 넷플릭스는 직원이 스스로 결정하게 한다. 결과를 공유하며, 솔직하게 소통함으로써, 스스로 질서를 유지하게 만드는 기업문화로 인재를 불러모아, 짧은 시간에 높은 성장을 이뤄냈다.

최근 한국 냉동김밥 품절사태로 유명세를 치른 고품질의 유기농 농산물을 저렴하게 판매하는 슈퍼마켓인 트레이더조 역시 차별화된 기업문화를 가지고 있다. 직원을 종업원employee이 아닌 한 배를 타고 있는 구성원crew이라고 부르는 데서 알 수 있듯이 구성원이 소속감을 느끼도록 존중한다. 나이, 성별, 인종 등의 다양성을 인정하며, 서로가 경쟁자가 아닌 협력자로 일할 수 있는 문화를 가지고 있다. 구성원이 자신의 근무시간을 직접 고르고, 정직원과 아르바이트 간에 임금이 같아 동등한 존중감을 가진다.

계산대가 한방향으로 놓인 일반적인 슈퍼마켓과 달리, 트레이더조에는 두명의 계산원이 등을 맞대도록 계산대를 배치하여 한 곳이 바쁘면 다른 사람이 뒤돌아 도와줄 수 있다. 또한 계산과정에서 문제가 발생하면 불평과 불만의 고성이 오가는 대신, 계산대 위의 종을 쳐서 종소리가 울려퍼지면 책임자가 달려와서 문제를 신속히 해결한다. 그래서일까? 꽃무늬가 그려진 화려한 셔츠를 입은 트레이더조의 구성원들은 계산에만 급급하지 않고 고객의 안부를 묻고 친절하게 응대한다. 이런 기업문화 덕분에 트레이더조는 광고나 대규모 할인 없이도 성장을 지속하고 있다.

그러나, 자율과 책임의 기업문화가 모든 기업에 적용되는 만병통치약은 아니다. 스스로 동기를 부여하여 어려운 환경에서도 최상의 성과를 달성하는 우수한 인재들을 모으기가 쉽지 않다. 이렇게 모인 인재들이라도 상호 간의 신뢰와 공감을 바탕으로 경쟁이 아닌 협력을 이끌어내는 것은 어렵다. 그리고, 최고의 성과를 발휘하기 위해서는 기존에 없던 혁신적인 산업에서 빠르게 성장하는 회사여야만, 스톡옵션 등을 통해 경제적 보상이 가능하다.

이런 현실적인 제약으로 우수한 기업문화는 드물 수밖에 없다. 하지만, 직원들이 자부심을 갖게 하고, 스스로 동기를 부여하여 생산성을 향상시키며, 직원의 만족도를 높게 만들지 않으면 인재가 지속적으로 유입될 수 없다. 기술, 제품, 사옥 등은 돈을 주고 살 수 있지만, 조직 구성원들이 공유하는 가치와 신념이라는 기업문화는 오랜 세월동안 축적과 발전을 통해서만 획득가능하다. 따라서, 서로를 존중하고 활발하게 소통하며 유연하고 창의적인 문화의 기업이라면, 믿고 투자해 볼만한 기업이다.

불법과 합법의
경계인 내부자거래

탄광 속 카나리아는 위험을 미리 알려주는 것을 뜻하는데, 광부들에게 산소호흡기를 모두 지급하기 어려우므로, 유해가스에 민감한 카나리아를 탄광에 데리고 들어가서 카나리아가 죽으면 유독가스 농도가 높다고 추측하여 탈출할 수 있었다. 2차대전시 잠수함에 토끼를 태워서 산소농도에 민감한 토끼가 쓰러지면 잠수함이 산소공급을 위해 수면으로 부상했던 것과 유사하다.

주식시장에도 카나리아와 토끼처럼 내부자거래를 증시변동의 조기 경보라고 여기는 사람이 있다. 주식을 대규모로 보유하거나 중요정보에 접근할 수 있는 임직원 등 기업과 특수관계에 있는 사람을 내부자라고 하는데, 이들이 주식을 거래하면 감독기관에 관련 내용을 보고하도록 되어 있다. 내부자는 기업 사정을 잘 알고 있기에 주가가 저렴할 때 매수하고 비쌀 때 매도하여 수익을 얻을 수 있으니 내부자거래는 불법으로 생각하기 쉽다. 하지만, 불법 여부는 매매과정에서 미공개정보를 이용했는지에 따라 판 가름 된다.

미국 역사상 가장 큰 불법 내부자거래는 갤리언펀드로서, 투자은행의 트레이더, 맥킨지 등 컨설턴트 등과 결탁하여, 업무상 취득한 정보로 매매하며 막대한 수익을 올리게 되면서 펀드 운용규모도 수조원으로 불어났다. 스리랑카인이라는 소수인종은 월스트리트에서 활동하는 남아시아계를 결속하는 데 사용되고, 와튼스쿨이라는 명문 MBA는 끈끈한 유대관계를 동원한 미공개 정보 수집에 활용되었다.

그는 자신의 성공비결을 부지런한 기업 방문과 회사관계자와의 대화라고 하였으나, 실상은 내부직원과 공모하여 비공개정보를 빼돌린 것이었다. 매일 수십명의 애널리스트와 펀드매니저에게 자신만의 경쟁력을 강화하라고 외치며 스리랑카 최고 부호에까지 올랐다. 하지만, 도청을 통해 불법거래의 꼬리가 잡히면서 징역 11년의 중형을 선고받음으로써 막을 내렸다.

반면, 일론 머스크는 2022년에만 테슬라 주식을 13조원 매도했지만, 미공개정보를 이용하지 않고, 수십회에 걸쳐서 지속적으로 매도하며 거래내역을 모두 공시하는 등 관련규제를 준수하여 불법거래에 해당하지 않는다. 그는 세계 최고의 부자이긴 하나,

대부분 주식이나 스톡옵션으로 보유하고 월급을 받지 않아서 트위터 인수 관련 현금확보를 위해서는 불가피한 매도라는 점이 인정되었다.

합법과 불법이 명확히 나뉘면 좋겠지만, 안타깝게도 세상엔 모호한 회색지대가 많다. 모자이크 이론은 개별 정보로는 비밀이 아니나, 모아서 합치면 중요한 정보가 될 경우 각각의 정보도 비밀이 된다는 것이다. 술집에서 우연히 만나게 된 사람과 다양한 얘기를 나누던 중 합병에 관한 이야기를 나누었다. 나중에 잡지에서 그가 관련회사의 경영진이라는 것을 알게 되었다면 그의 얘기가 미공개정보인지, 모자이크 이론에 따른 비밀정보인지 여부를 판정하기가 쉽지 않다. 따라서, 내부자거래가 발생했다고 해서 색안경을 끼고 부정적으로 판단할게 아니라, 내부자 거래 이유, 일회성 여부, 본질적 기업가치의 변화 등을 종합적으로 분석하는 자세가 필요하다.

진퇴양난 공매도

공매도의 공空은 비어있다는 뜻으로, 다른 소유주의 주식을 빌려서 먼저 매도하고, 나중에 매수하여 갚는 투자방식이다. 공매도의 최대수익은 주가가 0원이 되면 100%이나, 매도후 주가가 급등하면 손실은 무한대로 증가하는 고위험에 노출되어 있다. 따라서, 주가가 하락할거라는 확신이 있을 때 투자기관이 주로 사용하는 투자기법이다.

공매도 찬성론자는 주가 거품을 걷어내고 시장에 유동성을 공급하는 등 순기능이 있으며, 국제 기준 준수를 위해 필요하다고 주장한다. 반대론자는 이자율, 상환기간 등이 외국투자자에게 일방적으로 유리한 공매도는 기울어진 운동장이며, 악의적인 주가 폭락을 부추기므로 금지시켜야 한다고 주장한다. 주가는 주식시장에서 자유롭게 결정되어야 한다는 원칙을 가진 선진국은 거래내역을 공시하는 조건으로 공매도를 허용한다. 반면, 우리나라는 시장상황에 따라 공매도 전면 허용, 일부 허용, 전면 금지 등 정책이 수시로 변경된다.

중국판 스타벅스로 불렸던 루이싱커피는 설립 1년만에 매장수를 수천개로 늘리며 나스닥에 상장했다. 하지만, 할인쿠폰을 남발하고, 저렴한 가격에 배달서비스를 제공하면서 수익을 내는 것을 수상히 여긴 투자회사가 아르바이트를 고용하여 1천개의 루이싱커피 매장의 동영상을 촬영하며 매출을 검증했다. 그 결과 고객 주문번호가 순서대로 나오는 것이 아니라 몇 개씩 건너뛰며 생성되는 것을 알아냈고, 주문번호에 가격을 곱하여 계산하는 판매금액이 조작된 것을 발견했다.

이렇게 부풀려진 매출은 회사가 대규모 광고비에 사용한 것처럼 상쇄시키는 방식으로 회계장부가 조작됐다는 사실을 발표했고, 하루만에 주가는 80% 폭락하며 상장폐지 됐다. 미국 투자자는 대규모 손실을 입었지만, 아이러니하게도 회사는 미중 분쟁의 피해자임을 호소하며 애국심 마케팅을 펼쳤다. 그 덕분에, 공산당 관계회사가 기업을 인수하면서 스타벅스보다 더 많은 매장을 출점하며 현재도 영업을 지속하고 있다.

공매도가 항상 성공하는 것은 아니다. 독일 투자회사인 VEM은 폭스바겐이 포르쉐에 합병되는 과정에서 주가가 급등하자, 폭스바겐 주식의 12%를 빌려 20조원에 공매도했다. 그러나, 며칠후 최대주주인 포르쉐는 폭스바겐 지분을 74%까지 늘리겠다고 발표하고, 2대주주도 20% 지분을 유지하기로 했다. 거래 가능한 주식이 공매도의 절반 수준인 6%에 불과한 것으로 드러나면서, 이틀만에 주가가 5배로 급등하며 순식간에 기업가치가 세계 1위가 되었다. 결국, VEM은 주식 상환을 위해 터무니없는 가격에 주식을 매수하면서 10조원이 넘는 손실로 인해 파산했고, 회장은 기차에 투신하며 자살로 생을 마감했다.

헤지펀드 등은 기업이 과장하거나 부풀린 정보를 파고들어 거짓임을 밝히고 대규모 자금을 동원하여 빌린 주식을 일시에 매도하여 공포를 조장한다. 그 후, 투매에 따른 주가급락 시 주식을 싼 가격에 매수하여 상환하는 방식으로 수익을 얻는다. 하지만, 기업의 본질가치가 훼손된게 아니라면 시장이 공포에 휩싸여 주가가 급락하는 것은 주식을 싸게 살 기회라고 여기는 사람도 있는데, 시간이 지나면 주가는 제자리를 찾아가기 때문이다.

2장

。

인지 편향

비합리적 인간을 연구하는 행동경제학

경제학에서 인간은 합리적인 존재라고 가정한다. 과연 그럴까? 볼펜을 사러 나왔는데 A문구점에서 1,500원에 판매중이지만, 길 건너 B문구점은 1,000원에 판매한다면 대부분 500원 저렴한 B문구점으로 갈 것이다. 그런데 TV를 사러 왔는데 A마트는 1,000,500원에 팔고, 길 건너 B마트는 1,000,000원에 팔고 있다면, 대부분 A마트에서 구매한다. 똑같은 500원이지만, 볼펜 가격 천원을 기준으로는 50% 절약이니 기꺼이 길을 건너지만, TV가격 백만원을 기준으로는 0.05% 절약에 불과하여 할인의 차이를 무시한다.

10,000원을 투자하면 100% 확률로 12,000원을 받는 A게임과 40% 확률로 50,000원, 60% 확률로 8,000원을 받는 B게임이

있다면, 대부분 절대 손실을 보지 않는 A게임을 택한다. 확률에 상금을 곱한 기대수익은 B게임이 50,000 X 0.4 + 8,000 X 0.6 = 24,800원으로 A게임 12,000원보다 2배이상 높은데도 말이다.

주식시장은 연령, 성별, 학력 등의 차별없이 모든 사람이 참여하여, 각자의 판단에 따라 매매하는데, 모든 사람이 동일하게 판단한다면 사려는 사람만 있거나 팔려는 사람만 있어 주식거래가 성사되지 않는다. 하지만, 전쟁이 발발하더라도 지정학적 위기로 판단하는 사람은 매도하고, 일시적인 충격후 휴전을 예상하는 사람은 저가 매수 기회로 인식한다. 이런 판단의 배경에는 논리적 근거가 아닌 두려움이나 탐욕 같은 감정, 시장 분위기 동조 등 비합리적 요인에 의한 것이 많다. 이에, 투자자들이 저지르기 쉬운 인지편향을 알아봄으로써 선입견에 빠지지 않도록 유의할 필요가 있다.

최근 정보에만 의존하는
가용성 편향

인간을 가장 많이 죽인 생물을 묻는다면 악어, 상어 등이 떠오를 것이다. 조깅하던 사람이 실종되었는데 호수 주변의 악어 뱃속에서 시체가 발견되었다는 뉴스나, 상어가 인간을 공격하는 영화 등이 영향을 미쳤을 것이다. 실제는, 모기로 인한 말라리아가 가장 많은 사망자를 발생시켰고, 상어에 의한 공격보다는 해파리에 의한 공격이 훨씬 빈번하게 발생하지만 극적효과가 없어 잘 보도되지 않는다.

가용성 편향은 쉽게 떠오르는 정보에 의존하여 의사결정을 하는 것으로, 과거 데이터는 망각하고 최근 뉴스, 경험 등 생생하게 기억에 남아있는 정보에 의존한다. 그러나, 뉴스는 시청자의 관심을 끌기위해 자극적인 소재를 다루고 관심이 집중되는 부분만 자세히 보도하므로, 선별적인 정보만 흡수하면 전체 맥락을 놓치기 쉽다.

또한 정보가 자신의 경험과 일치한다면 무작정 신뢰하기 쉬우나, 이는 우연의 일치일 뿐 모든 사례를 대변하는 것이 아니므로 편향된 인식을 가져서는 안 된다. 이러한 부작용에도 불구하고 가용성이라는 용어에서 보듯이, 맞는지 틀린지 검증하는 시간과 노력없이 당장 가져다 사용할 수 있다는 편리성 때문에 벗어나기가 쉽지 않다.

가용성 편향과 관련하여 잘 알려진 실험은 r로 시작하는 단어와 세번째 글자가 r인 단어중 어느 것이 많을지를 묻는 질문이다. 참가자들은 대부분 r로 시작하는 단어가 많다고 대답했는데, rabbit, radio, robot 등 r로 시작하는 단어는 쉽게 떠오른다. 하지만, r이 세번째로 오는 단어는 좀처럼 생각나지 않는데, 실제로는 party, perhaps 등 r이 세번째 오는 단어가 세배 이상 많다.

보험도 마찬가지다. 사람들이 보험에 가장 많이 가입하는 때는 보험료가 인상되거나, 금리가 하락하는 등 객관적 이유가 아닌, 친척이나 친구가 사고나 질병에 걸리게 되었을 때다. 주위사람이 치료비로 큰 비용을 소진하여 남겨진 가족이 경제적 어려움에 처하는 것을 보고, 자신에게 사고나 질병이 발생할 확률을 고려하지 않은 채 무작정 보험에 가입한다.

주식시장에 나타나는 가용성 편향은 테마주로서 전기차의

확산으로 배터리 판매가 증가했다는 뉴스가 나오면 배터리 제작 회사뿐 아니라 관련 부품, 원재료 생산회사까지 주가가 급등한다. 친환경 에너지용인지 산업용 배터리인지 구분하지 않고, 배터리라는 이름 하나만으로 테마가 형성된다. 심지어 전혀 다른 업종의 회사도 배터리 제조업 진출을 선언하며 시류에 편승하여 배터리 관련 판매가 증가했다고 홍보하지만, 알고보면 핵심 원재료가 아닌 배터리를 포장하는 플라스틱 같은 소모품인 경우도 많다.

이러한 편향을 예방하기 위해서는 장기적인 데이터를 분석하여 일회성 현상인지, 추세가 지속되는지를 구분해야 한다. 또한 다양한 정보를 수집하여 한쪽의 시각에 치우치지 않은 균형잡힌 관점을 기르고, 경험이나 강렬한 기억으로 특정 정보를 과대평가하지 않도록 모든 정보를 동일한 가중치로 평가하여야 한다. 최근에 뉴스가 급증했다면, 왠지 자주 들어 익숙하게 느껴진다면, 그럴 때일수록 더 조심해야 한다.

보고 싶은 것만 보는
확증 편향

에픽하이의 멤버였던 가수 타블로가 스탠퍼드대 학사와 석사를 조기졸업 했다고 하자, 학력위조 논란이 불거지며 온라인에서 치열한 진실공방이 펼쳐졌다. 그가 학창시절 성적표를 공개하자 영어 이름이 달라 믿을 수 없다고 했고, 캐나다 시민증을 보여주자 동명이인의 것이라고 했다. 스탠퍼드대에서 졸업 사실을 확인시켜줘도 서류가 위조됐다며 입학허가서를 공개하라고 요구했다. 수많은 증거 중에서 자신의 믿음을 강화해주는 정보만 선택하고 모순되는 정보는 무시하며, 보고 싶은 것만 보고 듣고 싶은 것만 듣는 것이 확증 편향이다.

동일한 사건이나 현상에 대해서도 당사자, 관계자, 목격자는 각자의 생각에 따라 서로 다른 판단을 하고 중립적인 데이터도 자신에게 유리하게 해석한다. 사람은 자신의 믿음에 부합하는 정보를 발견했을 때, 자기의 믿음이 틀리지 않았다는 확신을 갖게 되면서 안정감과 편안함을 느끼기 때문이다. 만약, 자신의 믿음에 반대되는 증거를 인정하면 그동안 들인 시간과 노력이 수포가 되고 새로운 견해를 성립해야 하는 번거로움이 발생하기에, 무시하기가 가장 쉽고 편한 방법이다.

월드컵 축구 경기를 보면 확증편향이 잘 나타나는데, 경고, 퇴장, 페널티킥 등 파울을 저지를 때마다 한쪽은 환호가, 상대쪽은 야유가 넘쳐난다. 각 팀을 응원하는 팬들에게 경기 영상을 보여준 후 파울수를 세어보게 하면, 자국팀의 파울은 관대하게 상대팀 파울은 엄격하게 체크하여 심판이 편파적이었다고 평가한다.

이러한 확증편향은 제품 광고에도 활용된다. 새로운 맛의 탄산음료 제품을 출시하였다면 이전부터 탄산음료를 즐겨 마시는 매니아집단, 탄산음료는 건강에 나쁘다고 인식하여 멀리하는 건강집단, 탄산음료가 있으면 먹고 없으면 안 먹는 중립집단 중 어디를 대상으로 광고하는게 효과적일까? 매니아집단은 광고 없이도 구매하며, 건강집단은 아무리 광고를 해도 건강에 부정적이라는 확증편향이 바뀌지 않으므로 구매를 하지 않을 것이므로, 선입견이 없는 중립집단을 공략하는게 가장 효과적이다.

확증 편향에 빠지면 세상 모두가 자신의 의견에 동조하는 것처럼 과신하게 되는데, 투자에 있어 유의해야 하는 것이 온라인 카페나 종목토론방이다. 비슷한 생각을 가진 사람이 모여있으면 믿음을 강화하는 글과 근거없는 희망의 메시지만 가득하며, 반대 의견은 묵살되기에 반쪽 정보로 인해 잘못된 의사결정을 하게 된다.

확증편향을 예방하기 위해서는 열린 마음으로 자신의 의견이 틀릴 수 있다는 것을 인정하고, 다른 의견이나 정보를 언제든 받아들일 자세가 되어 있어야 한다. 그리고 자신의 투자를 지지하는 근거뿐 아니라, 반대되는 정보와 관점을 적극적으로 검색하여 모순되는 점을 찾으려 노력해야 한다. 찬성과 반대를 저울추에 올려놓아야지만 균형 잡힌 평가가 가능하며, 현명한 자는 보는 것을 믿고 겁쟁이는 믿는 것을 본다.

복지부동하는 현상유지 편향

통일되면 가장 하고 싶은게 부산에서 출발하는 기차를 타고 중국과 러시아를 거쳐 유럽까지 대륙횡단을 하는 것이다. 우리나라는 반도라고는 하나 북한에 가로막혀 육로로 세계 여행을 할 수 없기에 일본 같은 섬나라와 다를 바 없다. 기차를 타고 전세계로 떠날 수 있다면 생각의 범위도 활동 반경만큼 넓어질 것으로 기대된다.

물론 이런 꿈같은 기차여행을 위해서는 나라마다 다른 레일 간격을 조정해야 하는데 우리나라와 유럽은 최초의 증기기관차가 운행된 영국과 같은 표준레일을 사용하지만, 러시아는 독자적인 레일을 사용한다. 과거 나폴레옹이 유럽을 정복하던 시절, 러시아는 추위라는 지리적 특성으로 프랑스로부터 안전을 지킬 수 있었다. 만약, 말이 아닌 철도로 병력을 이동하는 것이 가능해지면 순식간에 침략당할 수 있다는 우려가 있어 유럽과 다른 레일을 설치하였다. 이제는 국가 간 여행과 교역이 더 중요해졌지만 아직도 레일을 바꿀 생각이 없는 듯하다.

현상유지 편향은 기존의 것에 익숙하면 새로운 것이 완전히 혁신적이더라도 새로운 것에 적용하는 데 필요한 시간, 노력 때문에 기존 방식을 고집하는 것이다. 새로운 것이 기존 것보다 나쁠 수도 있는 불확실성, 잘못된 결정으로 인한 후회 등의 심리적 요인도 새로운 시도를 가로막는 장애물이다.

타자기는 너무 빨리 치면 글자가 겹쳐지거나, 서로 부딪쳐 부러지는 일이 흔히 발생하여, 자주 사용하는 글자를 서로 떨어뜨려 배치한 쿼티QWERTY 자판을 만들었다. 타자기의 성능이 개선되면서 글자 겹침과 내구성 문제가 해결된 후, 자주 쓰는 모음을 한데 모아 더 빨리 글자를 칠 수 있는 자판이 출시되었다. 하지만, 구형 자판에 익숙한 사람들은 기존 습관을 바꾸려하지 않았고, 이백년이 지난 컴퓨터 키보드에서도 여전히 사용하고 있다.

이러한 현상유지 성향을 활용하여 의도하는 바를 기본 설정값으로 정해 놓으면, 원하는 결과를 도출할 수 있다. 스페인의 장기 기증 비율이 독일보다 4배 이상 높은 것은 스페인이 타인에 대한 배려심이나 이타심이 높아서가 아니다. 독일은 장기기증 의사를 명확히 밝힌 사람만 인정하는 반면, 스페인은 별도로 거부하지 않으면 장기기증에 동의한 것으로 간주하기 때문이다. 기업들이 직원의 노후 복지를 위해 퇴직금이나 연금을 강제로 저축계좌에 적립하거나, 고객의 지속적으로 서비스를 이용하게 할 목적으로 해지 요청이 없으면 매월 요금이 자동결제 되도록 하는 것도 마찬가지다.

현상유지 성향이 당장의 투자 결과에 영향을 미치지 않을 수 있으나, 10년 후에는 현재 성숙한 기업은 쇠퇴하고, 지금은 생소하고 낯선 하이테크기업이 우량기업으로 성장했을 수도 있다. 또한, 강력한 경쟁사의 등장으로 기존 제품의 경쟁력을 잃게 되어 매출이 하락함에도 불구하고, 매도 후 주가가 반등하면 후회할까 두려워 주식을 계속 보유하고 있다면 더 큰 손실을 볼 수도 있다.

배는 항구에 있을 때 가장 안전하지만 배의 목적은 바다를 항해하는 것이다. 새로운 것이 주는 생소함과 두려움을 이겨내면 새로운 기회가 열린다.

선을 넘지 못하는 기준선 편향

세계 최고의 높이뛰기 선수인 벼룩은, 0.3㎝에 불과한 몸집의 100배인 30㎝를 뛰어오른다. 그런데 벼룩을 유리병에 넣어 뚜껑을 닫아놓으면 한동안 뚜껑에 계속 부딪히는 소리가 나다가, 잠잠해질 때쯤 뚜껑을 열어 놓아도 유리병을 넘어 나오지 못한다. 몸집이 트럭만한 코끼리도 마찬가지다. 어릴 때 도망가지 못하도록 다리 하나에 밧줄을 묶어놓으면 어른 코끼리가 된 후에 힘으로 충분히 끊어낼 수 있음에도 불구하고, 밧줄을 벗어나지 못한다.

지능이 낮은 동물에만 해당하는 걸까? 한강의 길이가 50km보다 긴데, 얼마나 길지를 물어보면 대부분 100km 내외의 숫자를 대답하지만, 질문을 바꿔 500km는 안 될거 같은데 어느 정도인지 물어보면 400km 내외의 값을 제시한다. 판단의 기준선을 정하면 그 지점을 크게 벗어나지 못하고, 주변의 값으로 의사결정을 내리는 것이 기준선 편향인데, 이를 잘 이해하는 사람은 협상에서 유리한 고지를 점한다.

좋은 성적을 달성하여 큰 폭의 연봉 인상을 기대하는 프로선수에게 구단주는 빠듯한 재정상황을 설명하며 10% 인상안을 제시한다. 선수는 기대치를 50%에서 30%로 낮추고 처음부터 한발 물러선 채 협상에 임하게 되고, 양측의 줄다리기 속에서 20% 인상으로 결정된다. 옷가게 사장이 10만원이라는 가격표 대신 정가는 15만원인데 30% 세일해서 10만원이라고 판매하는 것도 같은 이치다.

이런 편향은 초기 정보에 지나치게 의존하여 새로운 정보를 수용하지 않거나, 과거 경험이나 데이터에 근거하여 그와 유사한 것은 별도의 분석 없이 동일하게 유추하기 때문에 발생한다. 이렇게 기준선을 설정하면 주가변동을 비이성적으로 판단하는 오류를 범하기 쉽다. 주식시장의 다양한 지표 중에는 과거 주가변동폭을 나타내는 저항선, 지지선이 있는데, 3개월간 평균적인 주가 변동폭은 과거 수치일뿐 하단에 도달했다고 주가가 반등하거나, 상단에 이르면 주가가 하락하는 것은 아니다. 그러므로, 가격범위를 벗어난 최저가를 기록했다고 해서 싸다는 이유로 주식을 매수해서는 안 된다.

회사제품에 문제가 있거나 더 좋은 경쟁제품이 출시되었을 수도 있기에 최근 정보를 수집하고, 주가하락의 원인을 분석해야 한다. 분석 결과 회사의 경쟁력이 저하되었고 단기에 해결할 수 없는 문제라면 지금의 최저가는 장기 하락의 시작일 수 있다. 반대로 주가가 최고가를 경신할 때 과거의 정보에 머물러 있으면 지금의 주가가 거품이라고 단정하는 우를 범하게 된다.

엔비디아의 그래픽카드는 많은 계산을 빠르게 처리하는 기술을 바탕으로 실시간 움직임을 추적하는 시각적 효과가 탁월하여 고성능 게임에 주요 사용되었다. 그 후 비트코인 가격이 급등하면서 채굴이 호황을 맞았고, 게임용 그래픽카드가 비트코인 채굴에 효율적이라고 알려지면서 제2의 전성기를 맞이했다.

안타깝게도 암호화폐 규제로 비트코인 채굴은 시들해졌지만, 자율주행에서 도로 환경을 인식하고 상황을 판단하는 복잡한 알고리즘 계산에 유용하다고 알려지며 매출이 증가했다. 최근에는 머신러닝, 챗GPT 등 인공지능의 데이터 처리 속도를 획기적으로 개선한 그래픽카드를 개발하면서 폭발적인 성장을 이어가고 있다.

엔비디아는 게임용 그래픽카드를 만드는 회사이고 게임은 한물갔다는 인식에만 사로잡혀 있다면, 과거 주가 변동폭을 넘어서는건 과열이라는 기준선 편향을 벗어날 수 없을 것이다. 그러면, 게임 → 암호화폐 → 자율주행차 → 인공지능으로 변화하며 기업가치가 십년간 열배이상 급등하는 과정을 보면서도 거품이 곧

터질거라며 자위할 수밖에 없다. 처음에는 맛있을거라 생각했지만 너무 높이 달려 딸 수 없는 포도를 보며, 너무 시어서 맛이 없을거라는 평계를 대지 말자.

친구 따라 강남 가는 군집 편향

육지에 지내던 펭귄은 먹이를 구하러 바다로 들어가야 하지만 포식자가 두려워 선뜻 나서지 못할 때, 한 펭귄이 뛰어들면 무리의 모든 펭귄이 다 같이 뛰어든다. 다른 사람들의 결정을 따라하는 군집 편향은 불확실성에서 기인한다. 익숙지 않은 상황에 놓이면 군중 속에서 자신보다 잘 아는 누군가가 있다고 가정하여 단체 의견을 따르는 것이 안전하다고 생각하기 때문이다. 또한, 자신의 판단으로 대중과 다른 의사결정을 하면 실패에 대한 책임은 오롯이 자신의 몫이지만, 다수의 판단이 틀린 경우에는 책임이 분산되는 것도 주된 이유다.

이와 관련된 재밌는 심리실험이 있다. 길이가 1m인 직선을 보여준 후, 80cm, 1m, 1m 20cm인 줄 중에서 길이가 똑같은 것을 고르도록 했다. 사전에 모의한 실험참가자가 차례대로 모두 길이가 짧은 80㎝ 줄을 고르자, 마지막 진짜 실험자도 80㎝ 줄을 골랐다. 실제 참가자를 바꿔가며 실험을 반복하자 약 70%의 참가자가 정답에 의문을 제기하면서도 다수가 고른 답을 선택했다.

협박이나 강요가 없었음에도 개인의 이성이나 판단을 무시하고 다수의 감정을 따르는 것은 인간이 사회적 동물로서 타인과의 관계 때문에 집단행동을 하기 때문이다. 군중심리는 하나의 현상으로서 그 자체가 좋거나 나쁜 것은 아니니, 어떻게 사용하느냐에 따라 약이 되거나 독이 되기도 한다. IMF시절 금모으기 운동, 사고가 났을 때 합심하여 사람을 구출하는 행동 등은 긍정적인 발현이나, 폭주족, 사이비 종교 등은 부정적으로 발현된 사례다.

주식시장에서도 군중심리로 인한 낙관론으로 특정 주식에 매매가 집중되면서 기업가치와 상관없이 거품이 발생하고, 갑작스럽게 붕괴되는 경우가 있다. 게임스탑은 비디오게임 판매회사로서 넷플릭스의 등장으로 비디오 대여회사였던 블록버스터가 파산했듯이, 모바일 게임이 대세가 되면서 몰락해가는 회사였다. 그런데, 비디오게임에 향수를 지닌 사람들이 게임스탑 주식을 매수했다는 글들이 온라인에서 퍼지고, 유명한 창업가가 대규모로 지분을 매수했다는 뉴스가 언론에 연일 보도되면서 주가가 오르기 시작했다.

헤지펀드들은 TV에 출연하여 주가 상승이 말이 되지 않는다며 공매도를 늘렸고, 개인투자자들은 전쟁을 선포하며 매수에 동참했다. 주가는 하루에도 급등락을 반복하며 수개월만에 100배가 상승하자 이탈자들이 생겨났다. 매도는 더 큰 매도를 불러오면서 주가는 몇 달후 제자리로 돌아왔지만, 뒤늦게 투자한 많은 사람은 큰 손실을 보게 되었다.

미국 최대의 영화관인 AMC는, 코로나로 다수 모임이 금지되면서 직격탄을 맞자 대출과 채권발행을 통해 운영비를 충당했다. 인플레이션에 따른 금리 인상기와 맞물리면서 이자비용이 급증하며 적자폭이 확대되어 파산위험에 직면했다. 그러나, 게임스탑과 마찬가지로 공매도와의 전쟁 등으로 개인투자자의 매수세가 집중되면서 1년만에 30배 이상 주가가 급등하기도 하였으나, 열풍이 지나가자 순식간에 원래 수준으로 폭락했다.

아무런 근거없이 인터넷에서 유행하는 밈 주식을 통해 수익을 본 사람도 있겠지만, 대중을 따라 매매했던 대다수 사람은 큰 손실을 봤다. 집단지성이 힘을 발하는 것은 다양한 분야의 전문가가 모여 합리적이고 창의적인 방안을 모색할 때뿐이며, 근거없는 믿음은 사이비 종교보다 위험하다. 군집행동을 통해 실패 시 비난과 책임은 분산할 수 있을지 모르나 손실은 오롯이 자신의 몫이다. 투자를 할 때는 자신의 판단이 합리적이라면 청개구리가 되더라도 두려워할 필요가 없다.

내가 제일 잘 나가는
과신 편향

'1시간째 직진중', '발로하는 운전이라 미안해요' 초보운전자에게 더 위협적인 운전을 하기 때문인지, 요즘은 이런 스티커를 붙인 차량을 찾아보기 힘들다. 그러나 교통사고는 초보운전자보다 오랜 운전 경력자에게서 더 많이 발생하는데, 운전에 대한 자신감이 과속, 난폭운전 등 부주의한 행태로 나타나기 때문이다.

자신의 능력, 지식을 과대평가하는 과신 편향은 자신에게는 관대한 인간의 본성 때문으로서 사람들은 대부분 자기가 남들보다 똑똑하고, 평균 이상의 좋은 사람이라고 여긴다. 성공은 자신의 노력 덕분이라고 후하게 평가하면서, 나쁜 결과는 남의 탓으로 돌린다. 이러한 본성에 성공 경험이 결합하면 자기 과신은 더욱 증폭되어 운이 좋았거나 우호적 시장환경의 영향을 무시하고,

모두 자신의 능력 덕분으로 여긴다.

한사람은 1개 주사위만 던질 수 있고, 상대방은 2개 주사위를 던질 수 있는 불평등한 게임을 진행하자, 시간이 지날수록 2개 주사위를 던지는 사람이 경기를 압도했다. 이런 상황에서 승자는 목소리가 커지고 행동이 거만해지는 공통점을 보였다. 게임이 끝난 후 승리비결을 묻자 자신의 게임전략이 우수했다거나, 게임에 소질이 있다는 등 자신의 능력을 자랑하며 상대를 무시하는 경향을 보였다.

일반적으로 전문경영인보다 창업자가 자기과신이 높은데, 창업 자체가 실패확률이 높은 도전으로서 무에서 유를 일궈낸 것에 자부심이 높기 때문이다. 자기 과신은 기업경영에 치명적인데 자신이 가장 잘 아는 전문가라고 여겨서 다른 의견을 수용하지 않아 판단력이 흐리게 된다. 위험성이 높고 급진적인 사업이라도 세간의 이목을 집중시키는 거라면 일단 뛰어들고 보는데 자신이 가진 정보와 경험이 과거에 통용되었을지 모르나, 지금은 시대가 바뀌어 이제는 적용되지 않아 참담한 결과를 맞이할 수 있다.

이를 방지하기 위해서는 주변의 다양한 정보와 의견에 귀를 기울이며, 자신의 한계를 인정하고, 판단이 옳은지 주기적으로 평가해야 한다. 이사회와 사외이사가 대표이사의 주장에 동조하는 것이 아니라, 중요한 의사결정을 감시 감독하는 견제의 역할을 제대로 수행하는 회사는 투자해도 좋은 회사다. 회사 체계가 수평적이고 권한이 분산되어 다양한 직원이 의사결정에 참여할 수 있다면 더할 나위 없다.

대부분의 주식투자자는 정도의 차이만 있을 뿐 과신 성향이 있다. 투자를 한다는 것 자체가 자신은 적어도 평균 이상의 투자 실력이 있어 수익을 낼 수 있다는 생각에서 비롯되는데, 안타깝게도 주위의 몇몇 사람과의 비교만으로 평균 이상의 투자실력을 정의하는 것 자체가 잘못된 것이다.

과신은 투자수익을 낼 수 있다는 근거없는 희망을 낳고, 허황된 꿈에 중독되면 현실을 냉정하게 인식하지 못한다. 투자는 언제든 큰 손실을 볼 수 있다는 마음가짐을 가져야 수익에도 들뜨지 않고 손실에도 좌절하지 않을 수 있다. '내가 제일 잘 나가'는 노래로만 듣고, 겸손함을 잊지 말자.

잃고는 못 사는
손실회피 편향

'선착순 100개 한정판매, 품절 임박' 지금 방송 시청자에게만 할인과 사은품 혜택을 제공하고 판매 완료 시 다시 정상가격으로 돌아간다면, 지금 사지 않으면 왠지 손해를 보는 것만 같아 당장 필요하지 않아도 구매하게 된다. 수익으로 인한 행복보다는 손실로 인한 고통을 더 크게 느끼는 손실회피 편향은 할인 외에도 다양한 판매 전략에 사용된다.

　가전제품을 구매하면 대부분 1년간 무상보증이 포함된 우리나라와 달리, 미국은 보증서비스를 별도로 구입해야 하는데 값비싼 제품일수록 고장으로 인한 손실 두려움으로 인해 기꺼이 보증료를 낸다. 요즘 같은 고물가 시대에 가격 인상에 따른 소비자의 이탈을 방지하기 위해 제품의 용량을 축소하는 것도 가격인상에 따른 손실을 회피하는 좋은 예다.

손실회피는 진화의 산물이다. 추위를 두려워하여 월동준비를 잘한 사람은 혹독한 겨울추위에 살아남고, 조심성이 많은 사람은 짐승의 습격을 피해 살아남으면서, 부정적인 경험이나 위험을 더 크게 인식하게 되었다. 최근 뇌연구 결과에 따르면 손실 경험은 뇌의 통증 부위와 연결되어 있다고 하니, 고통으로부터 자신을 보호하는 방어기제와도 관련이 깊다.

손실회피는 투자에도 영향을 주는데, 투자는 기대수익, 위험성향, 자산규모 등 투자자의 상황에 따라 안전자산, 위험자산, 배당주, 성장주 등 다양한 투자방식을 선택하게 된다. 자산을 안전하게 지키는게 목적인 손실회피 투자자는 기대수익률과 손실위험이 낮은 예금이나 채권에 투자한다. 자산을 적극적으로 늘리고 싶은 사람은 손실위험을 감수하고 성장주 등에 투자하는데 수익과 위험은 동전의 양면과 같아서 고수익 저위험상품은 존재하지 않는다.

손실회피 편향에 빠지면 손실이 난 종목은 물타기로 추가매수 하지만 주가가 하락할수록 손실액도 불어난다. 반면, 주가가 상승한 종목은 하락으로 전환하기 전에 일찍 매도하여 더 큰 수익의 기회를 놓치기 쉽다.

십 년 후 주식은 현재로선 기술, 제품, 시장이 미성숙하여 손실이 발생하는 대신 시장이 큰 폭으로 성장할 때까지 장기간 보유하는 전략이므로, 손실회피 성향이 강한 사람에게는 부적합한 투자방식이다. 따라서, 안전자산, 위험자산은 옳고 그름의 대상이 아니므로 각자의 투자성향을 고려하여 적절하게 선택하는 것이 바람직하다.

패자는 말이 없는
생존자 편향

2차대전 중 많은 전투기가 격추되어 본부로 돌아오지 못하자 어디를 보강할지 조사를 실시했다. 전투기 꼬리와 날개에 많은 총탄 흔적을 발견했고, 여기에 철판을 덧대어 적의 공격을 방어하는 것으로 결론을 내렸다. 그러자, 한 참석자가 이의를 제기하며 엔진과 조종석을 보강해야 한다고 주장했다. 엔진과 조종석을 공격당한 전투기는 모두 추락하였으므로 본부로 돌아온 전투기에는 이곳의 총탄 흔적이 적을 수밖에 없었기 때문이다.

역사상 최악의 수용소를 묻는다면 누구나 나치 독일시절의 아우슈비츠라고 대답한다. 폴란드 정치범 수용소였던 이곳에 유럽의 유대인들이 이송되어 생체실험과 고된 노동에 시달리다 가스실에서 100만명 이상이 사망했다. 벨제크 등 다른 수용소는 훨씬 잔혹하여 한명의 유대인도 살아남지 못했지만, 사람들이 아우슈비츠만 기억하는 것은 생존자 수만명의 다양한 증언이 있었기 때문이다.

이처럼 생존자 편향은 현재 남아있는 데이터만으로 판단하는 단점이 있다. 실패한 사람은 입을 닫거나 기록을 남기지 않지만, 성공한 사람은 책, 방송, 강연 등을 통해 자신의 성공비결을 홍보하여 성공한 사람의 정보만 접하게 되기 때문이다. 암과 같은 불치병에 걸렸는데 민간요법이나 대체의학을 통해 완치했다는 것도, 동일한 치료법으로 사망한 많은 환자의 진술이 빠져있는 생존자 편향의 대표적 사례다. 우량주에 장기투자하면 많은 수익을 낼 수 있다는 얘기는 누구나 한번쯤 들어봤을테지만, 반드시 그런 것은 아니다. 삼성전자처럼 과거와 현재 모두 우량기업을 유지하는 회사도 있지만, 2000년 한전의 시가총액은 22조로 4위에 해당했으나 2020년에는 15조로 감소하여, 20년간 장기보유 하였다면 30%의 손실이 발생했다. 노키아도 2000년 미국증시 시가총액순위 10위의 우량기업이었지만, 지금은 상장폐지되고 말았다.

투자에서 손실을 보는 것을 흔히 수업료라고 하는데, 실패한 게 중요한 것이 아니라 왜 실패했는지를 아는 것이 중요하다. 돌아오지 못한 전투기의 이유를 분석해야 생존할 수 있듯이, 성공과 실패의 원인 모두를 분석해야지만 투자에서 살아남을 수 있기 때문이다.

내 판단이 항상 옳다는
선택지지 편향

미국 메이저리그에서 뛰고 있는 야구선수들은 어마어마한 몸값을 자랑하는데, 선수들의 연봉을 전부 합친 금액이 4천억에 달해서 전체 1위를 기록한 뉴욕메츠는, 1986년 이후 약 40년간 우승을 하지 못한 한을 풀기 위해 거액을 들여 유명선수들을 영입하였다. 뉴욕메츠에서 500억이 넘는 최고 연봉을 기록한 저스틴 벌랜더는 사이영상을 3번이나 수상하고 올스타에 8번 선정되는 등 명실공히 최고의 투수였지만, 40대에 접어들면서 체력과 구속 저하로 평범한 투수로 전락했다. 저조한 성적에도 불구하고 뉴욕메츠는 벌랜더를 계속해서 선발투수로 기용했는데, 스타선수이니 제 기량을 해줄 것이라 믿음과 팬들의 응원이 복합적으로 작용해서다.

하지만 실상은 거액을 들여 영입한 선수를 기용하지 않으면 돈낭비라는 비난을 받게 되므로 그의 성적이 만족스럽지 못해도 영입 비용이 아까워서라도 계속 기용할 수밖에 없었다. 새 팀에 적응하기 위한 시간이 필요하다거나 출전만으로도 팀을 단결시키는 정신적 지주 역할을 한다는 등 다른 이유를 갖다 붙였다.

선택 당시에는 전혀 고려하지 않은 사항인데 의사결정 후에는 자신의 선택을 뒷받침할 근거를 찾아 자신의 판단을 합리화하는 선택지지 편향은, 우리 주변에서 흔히 찾아볼 수 있다. 10년간 타던 낡은 자동차를 골동품이라 놀리던 친구들에게 자랑하기 위해 첨단 운전보조장치, 화려한 디스플레이 화면이 있는 대형 SUV를 구입했다. 그러나 막상 타보니 화려한 디스플레이는 운전에 방해되고 대형차라서 연료비도 많이 든다면 어떻게 하겠는가? 지금이라도 차를 팔고 연비가 좋은 중형차를 사는게 합리적인 결정이다.하지만, 대부분의 사람은 실내공간이 넓고 승차감이 좋고 짐을 많이 실을 수 있다는 등의 새로운 장점을 나열하며 계속 타고 다닌다.

누구나 자기가 틀렸다는 것을 인정하지 않으려는 자기방어를 가지고 있다. 자신의 판단이 틀렸다는 것을 인정하게 되면, 그동안 어떤 차가 좋을지 조사하면서 고민했던 시간과 노력이 쓸데없는 헛수고가 되고, 중고차로 팔면 금전적 손실까지 피할 수 없다. 그럴 바에야, 나의 결정을 뒷받침할 이유를 찾는 것이 손실도 예방하고, 정신 승리도 할 수 있어 훨씬 좋다고 느끼는 것이다.

투자도 마찬가지다. 자신이 특정 앱을 써보니 기능이 직관적이고 업무처리가 편리하여 좋은 인상을 받게되어 앱 개발회사에 투자했다. 그런데, 시간이 지날수록 많은 기능이 추가되며 사용이 불편해지고 이용자가 증가하면서 업무응대도 느려졌다면, 투자 당시의 장점이 사라진 것이므로 지금이라도 매도하는게 맞다. 하지만, 이용료가 싸다, 디자인이 예쁘다 등 투자결정 당시와는 전혀 다른 이유를 들며 계속 보유하는 경우가 많다. 이를 예방하기 위해서는 투자 시 의사결정 이유를 기록하고, 변화 여부를 확인해야 한다.

투자이유가 사라지고도 계속 보유하는 것은 손실 예방이 아니라, 손실 인식을 나중으로 미루는 것일 뿐이므로 미래에 더 큰 손실에 직면할 수 있다. 우승을 위해 4천억을 투자했던 뉴욕메츠는 어떻게 됐을까? 2023년 4위라는 초라한 성적표를 기록한 후, 늦게나마 돈으로 우승을 살 수 없다는 현실을 직시하게 되면서 결국, 벌랜더를 포함해 500억이 넘는 특급 투수들을 다른 팀으로 트레이드하는 것으로 끝이 났다.

이럴줄 알았다는
사후확신 편향

인간의 수명이 50세에서 80세로 증가한 것은 세균성 전염병을 치료하는 항생제의 발명 덕분이다. 상한 포도주에서 질병을 유발하는 세균의 존재를 발견한 후, 세균 치료제를 개발하는 경쟁이 치열했는데 알렉산더 플레밍이 항생제를 발견한 것은 우연이 가져다준 행운이었다. 멸균 물질을 연구중이던 그는 깜박 잊고 배양용기를 책상에 놔둔 채 여름휴가를 갔는데 푸른곰팡이가 배양용기에 날아들었다. 휴가에서 돌아오니 푸른곰팡이 주변에 세균이 살지 못하는 것을 발견하면서 페니실린을 만들게 되었다.

하지만, 토끼를 대상으로 한 실험이나 환자의 치료에 모두 효과가 없자 곰팡이가 항균효과는 있으나, 치료제로서는 효용이 없다고 여기며 연구를 중단했다. 그로부터 10년후, 다른 두명의 과학자가 페니실린 추출, 정제, 투여방법 등을 보완하여 세균치료에 성공하여 노벨상을 받았다. 그 덕분에 2차세계대전에서 감염으로 생명이 위독했던 많은 부상자를 살릴 수 있었다.

이처럼 세상에는 우연과 운에 의해 발생하는 일이 있음에도 불구하고, 모든 일이 처음부터 정해진 계획이나 이유 때문이었다고 맹신하게 되는 것이 사후확신 편향이다. 많은 부를 축적한 기업가나 투자자 중에는, 상전벽해와 같은 시대 변화로 자신이 하던 분야가 급성장하는 기회를 만나는 행운 덕분에 부자가 된 경우도 있다. 하지만 사람들은 성공이라는 결과를 기준점으로 하여, 그들이 원대한 목표를 세우고 정해진 일정에 따라 치열하게 노력해서 성공에 이른 것처럼 지나간 과정을 재구성하고, 과거 행동이 현재의 성공을 가져온 필수 요인이라고 믿는 경우를 흔히 보게 된다.

'그때 샀었어야지.' 부동산이나, 주식이 오르고 나면, 원래부터 알고 있었던 것처럼 너도나도 훈수를 둔다. 예언자라면 선견지명이 있어 사전에 얘기했을텐데, 대부분 결과가 발생한 후 예상한대로 자신의 말을 들었다면 부자가 되었을거라며 후견지명을 자랑한다. 사후확신 편향은 이미 발생한 결과에 대한 원인이나 이유를 설명할 때 주로 나타난다. 사건 발생전에는 원인을 알 수 없었지만, 사건 발생 후에는 알게된 정보를 조합하여 패턴을 추정할 수 있기 때문이다.

2020년 코로나 확산으로 사망자가 폭증하면서 미국을 비롯한 전세계 금융시장이 직격탄을 맞았다. 1987년 블랙먼데이, 1997년 아시아 외환위기, 2008년 글로벌 금융위기에 이어, 10년 주기설이 확산되었다. 2020년 코로나 위기로 전세계가 겪어보지 못한 대재앙에 빠질 것이라는 뉴스가 쏟아졌다. 주식시장은 폭락 후 회복이 불가한 L자형 침체냐, 폭락 후 장기간에 서서히 회복되는 나이키형 침체냐를 놓고 의견이 분분했으나, 경기침체는 피할 수 없을거라는 예측이 지배적이었다.

하지만, 주식시장은 1년만에 V자형 반등을 나타내며 아무도 예상치 못한 사상 최고치를 기록하게 되었다. 전문가들은 양적완화를 통해 시중에 돈을 충분히 공급하고 보조금 지급 등을 통해 소비가 회복되어, 주식시장이 반등하고 경제가 회복할 수 있었다고 이유를 설명했다. 이런 결과를 마치 예상이나 했다는 듯이 다양한 이유를 들며 설명할 수 있었다면 왜 몇 달전에는 정반대의 예측을 했을까? 그 이유는 그때 당시에는 몰랐지만 결과가 발생한 후에는 정보를 조합하여 설명과 예측이 가능했기 때문이다.

그럴줄 알았다는 말속에는 원인과 결과 사이의 연결고리를 찾았다는 뜻을 내포하고 있어서, 자신의 예측력이 우수하다는 착각에 빠지기 쉽다. 이미 알고 있다고 느끼면, 잘못된 부분을 반성하는 시간을 갖지 않는데, 예측이 틀렸다는걸 인정해야만 실수를 복기하고 배우면서 똑같은 실수를 반복하지 않을 수 있다.

사후확신 편향은 일종의 과대망상이므로 왜곡된 기억과 과대한 예측능력을 객관적으로 반증할 수 있는 자료가 있어야 치유할 수 있다. 투자 시 매수이유, 예상 기업가치 등을 기록하고 일년 후 투자일지를 열어본다면, 자신의 초라한 예측 능력의 민낯을 볼 수 있을 것이다.

왜곡된 기억으로 인한
좋았던 옛날 편향

세계 4대문명 중 하나인 메소포타미아는 지금의 이라크 지역으로 수메르인이 건설하였다. 수메르인은 한시간을 60분으로 나누는 60진법, 원을 360도로 표현하는 등 숫자에 밝았을 뿐만 아니라 최초의 문자인 쐐기문자를 만들었다. 쐐기를 박는다는 것에서 보듯이 쐐기는 못과 같은 뾰족한 물건으로, 진흙 점토판에 뼈와 같이 날카로운 도구로 눌러쓴 글자모양이 쐐기를 닮아서 이름 붙여졌다.

지금으로부터 약 4천년 전인 기원전 1700년의 수메르 점토판에는 '요즘 젊은것들은 버릇이 없다'라는 글귀가 나온다. 우연히 발견된 서양의 사례라고 치부하기에는 동양의 글귀도 크게 다르지 않다. 중국 한나라시대 철학자였던 한비자는 '요즘 젊은이는 부모가 화를 내고, 스승이 가르쳐도 고치거나 변하지 않는다'고 지적했고, 조선왕조실록에도 '요즘 선비의 버릇이 예전만 못하다'고 한탄했다.

현재가 발전되었음에도 불구하고 과거가 좋았다고 믿는 좋았던 옛날 편향은 안 좋은 기억은 잊어버리고, 좋은 기억만 과장하는 기억의 왜곡 때문에 발생한다. 군대시절에는 힘든 훈련, 기합과 폭력 등에 치를 떨며 제대 후에는 군부대 근처도 가지 않겠다고 맹세하지만, 시간이 흐르면 허세가 잔뜩 추기된 군시절의 무용담을 자랑하며 그때가 좋았다고 얘기하는 것이 이를 증명한다.

좋았던 옛날 편향이 존재하면 반대인 나빴던 옛날 편향도 존재하는데 트라우마가 그것이다. 수영을 못 해 익사할뻔한 경험을 한 사람은 깊은 계곡물만 봐도 소스라치게 놀란다. 수영을 못 해도 튜브나 보트를 타며 물놀이를 했던 즐거운 경험도 분명 있을 테지만, 물과 관련된 과거를 기억하기 꺼리는 것이다.

좋았던 혹은 나빴던 옛날 편향은 투자에 방해요인으로 작용한다. 선거철, 북한의 도발 등 특정 사건이 발생할 때 관련 테마주에 투자하여 수익을 본 사람은 우연한 행운에 만족하지 않고 같은 투자방식을 고집하다가 큰 손실을 보기 쉽다. 반대로 과거 투자 시 큰 손실을 봤다고 해서 두번 다시 주식투자를 하지 않고 예금만 하겠다고 고집하는 것도 물가상승으로 실질적 자산가치가 하락하므로 바람직하지 않다.

성인군자를 찾는
사회적 바람직함 편향

2016년 미국 대통령 선거에서 예상을 깨고 트럼프가 힐러리를 물리치고 대통령에 당선되었다. 선거 직전까지 여론조사에서 힐러리의 승리가 예상되었으나, 트럼프를 공개적으로 지지하지 않고 표심을 숨겨왔던 유권자가 투표일에 트럼프에 투표했기 때문이다. 이전 선거와는 달리 투표때 본심을 드러내는 현상에 언론은 부끄러움 뜻하는 단어를 붙여 shy트럼프라는 용어를 만들어 냈다.

인종 차별, 이민자 추방, 외국인 혐오 등 막말과 기행을 일삼는 트럼프를 공개적으로 지지하는 것은 부끄러운 일이지만, 익명성이 보장된다면 적극 동조하는 사람이 많았다는 뜻이다. 특히 중산층 주류세력이라 여겼던 백인 노동자들의 트럼프 지지가 두

드러졌다. 흑인과 히스패닉의 급증하면서 소수 인종으로 전락하고, 고학력 아시아인들로 인해 학교와 직장에서도 밀려나며 빈곤해지자, 이민 반대, 백인우월주의를 주장하는 급진적 선동 구호가 효과를 발휘한 것이다.

누군가 죽여버리고 싶다 생각한적이 있는가라는 질문을 받으면 솔직하게 답할 수 있겠는가? 세상을 살면서 누구나 두 번 다시 만나고 싶지 않을만큼 미워하는 사람이 있고, 사고든 질병이든 그 사람이 사망했으면 좋겠다라는 생각도 한번쯤 해 봤을 것이다. 하지만, 공개적인 답변은 자신의 속내를 감춘 채 위신, 체면이 손상되지 않도록 일반적 상식으로 답변하는 것이 사회적 바람직함 편향이다. 사람은 타인을 의식하여 법적, 윤리적으로 비난받는 것을 두려워하고 정상적인 사람으로 보이기를 원하기 때문이다.

주식에도 사회적으로 바람직한 기업에 투자하는 ESG가 있다. ESG는 환경Environment, 사회Social, 지배구조Governance의 앞글자를 따서 수익뿐만 아니라 환경, 사회문제 등 지속가능한 미래를 추구하고 사회적 책임을 다하는 모범적인 기업에 투자하는 것이다. ESG에 대해 관심이 증가하면서 기업은 공장의 환경오염 물질을 줄이고 친환경제품을 개발하고, 생산과정에서 산업재해를 감소시키고 제품의 안전성을 높인다. 이사회나 감사 등 독립적인 견제기능을 통해 경영의 투명성도 제고한다.

한편, 양지가 있으면 음지가 있듯이 불법사업은 아니지만, 사람들에게 나쁜 영향을 미치는 제품을 판매하는 회사를 죄악주식이라고 하는데 술, 담배, 도박, 무기 등이 이에 해당한다. 죄악주식은 다른 사람의 불행으로 돈을 번다는 부정적 이미지가 있으나, 경기 침체 시에는 스트레스, 우울감의 증가로 술, 담배, 카지노 등의 매출이 증가하므로 수익율을 방어하는 투자대상이 될 수도 있다.

3장

。

판단 오류

전문가 가라사대, 권위 오류

사람들이 흔히 빠지게 되는 잘못된 선입견인 인지 편향에 대해 살펴봤는데, 지금부터는 인간은 합리적인 존재가 아니므로 즉흥적, 임의적 결정으로 인한 판단 오류에는 어떤 것이 있는지 알아보고자 한다. 십년 넘게 서울대 대출도서 1위를 기록중인 책은 제러드 다이아몬드의 총, 균, 쇠이다. 아프리카에서 만난 흑인이 왜 자신들은 유럽처럼 잘 살지 못하는지에 관한 질문에 답을 찾는 과정에서, 국가 발전 속도는 인종과 같은 생물적 요소가 아닌 지리적, 환경적 요인에 의해 결정된다는 것을 발견한다.

유럽과 아시아는 동서로 넓게 분포되어 좋은 기후와 비옥한 환경에서 다양한 작물과 가축을 재배하고 활발히 교류하며 발전할 수 있었지만, 아프리카는 더위와 척박한 환경으로 농사가 쉽지 않아 발전이 더딜 수밖에 없었다. 한마디로, 무기로서의 총, 질병으로서의 균, 기술도구로서의 쇠가 문명의 진보를 결정했다는 내용이다.

지리학, 역사학, 생물학을 넘나드는 폭넓은 견해와 현대 세계의 불평등에 대한 깊은 통찰을 나타내는 이 책의 제목은 누구나 한번쯤 들어봤으나, 끝까지 읽은 사람은 거의 없다. 800페이지에 이를 정도로 양이 방대하고, 설명 위주의 책이라 재미가 없고, 어색한 번역으로 이해도 어렵기 때문이다. 하지만, 오늘도 많은 부모는 우리나라에서 가장 똑똑한 서울대생이 읽는다는 이유로 자녀에게 이 책을 추천하는 권위의 오류를 범하고 있다.

권위의 오류중 가장 낮은 수준이 나이가 많음에 호소하는 것이다. 나이는 시간이 가면 자동으로 증가하는 것으로 나이가 많다고 현명한 것은 아니다. 나이가 많으면 경험도 많다고 주장하는 사람도 있으나, 경험의 양과 질은 나이가 아닌 사람의 성향에 의해 결정된다. 모험적이고 진취적인 사람은 많은 도전과 실패를 통해 경험에서 우러나오는 노하우를 습득하지만, 소극적인 성향의 사람은 복지부동하는 삶을 살아와서 내세울만한 경험이 없을 수 있다.

그다음 낮은 수준의 권위는 학위나 직업에 호소하는 것인데, 이는 저절로 획득되는 것이 아니라, 지식, 노력, 경험이 결합되어 성취하는 것이기 때문이다. 하지만, 자신의 주장의 근거로 권위있는 전문가의 의견을 제시하면 설득력이 높아질 수는 있지만, 전문가가 항상 옳은 것은 아니다. 후쿠시마 오염수 방류가 안전한지를 검증하려면 원자력 발전을 연구하는 기관이 아닌 환경오염이나 보건을 담당하는 국제기구에서 조사한 자료가 더 객관적이고 공신력이 있다.

증시에서도 가치주 투자자와 성장주 투자자, 차트중심의 기술적 분석가와 재무중심의 기본적분석가 사이에 많은 논란이 있다. 가치투자자는 저평가된 우량주에 투자해야 한다고 주장하며, 세계 최고 부자중 한명인 워렌 버핏의 "남들이 욕심낼 때 두려워하고, 두려워할 때 욕심을 내라."를 인용한다.

반면, 성장투자자는 중요한 것은 미래수익이므로 성장가능성이 높다면 현재 높은 주가는 문제가 되지 않는다고 주장한다. 그러면서, 최고 투자자 중 한명인 필립 피셔의 "성장주에 투자하고 장기 보유하라"를 인용하는 것이 해당분야 전문가의 지식이나 발언을 근거로 자신의 판단이 맞다고 주장하는 권위의 오류에 해당한다.

본질적으로 기업가치는 매출, 성장성, 시장규모 등이 종합적으로 반영되므로 가치주와 성장주는 상반되는 개념이 아니다. 가치주는 기업의 가치를 현재의 매출이나, 자산으로 나눠 저평가된 주식이므로 역사가 오래된 전통산업 기업이 많다. 이런 평가기준을 현재 매출, 자산이 미미한 성장주에 적용하면 고평가처럼 보이지만, 높은 성장성을 반영한 미래가치로 평가하면 고평가에 해당하지 않는다.

한편, 가치주, 성장주의 구분이 무의미할 수도 있는데, 판매가 호황일 때는 현재 매출이 중시되다가, 차기 신제품 개발에 몰두하는 기간에는 미래 성장성이 중시될 수도 있기 때문이다. 따라서, 투자는 과학법칙처럼 한가지 정답만 있는 문제가 아니므로, 권위에 의존하여 전문가의 투자원칙만 맹목적으로 믿어서는 안 되며 다양한 의견을 바탕으로 자신의 투자원칙을 정립하는 것이 중요하다.

하나를 보면 열을 아는
일반화 오류

몇 년 전부터 식당, 카페, 수영장까지 조용한 휴식을 위해 아이들의 출입을 금지하는 노키즈존이 생겨나기 시작하더니, 급기야 노시니어존, 노교수존 등 특정 연령, 직업 등을 대상으로 출입을 금지하는 문화가 확산되고 있다. 아이들은 시끄럽게 떠들고, 장년층은 꼰대질을, 교수는 갑질을 해서 다른 이용객들에게 불편을 끼칠 것이라고 가정하는 것은, 일부 사례를 근거로 모두 그렇다고 판단하는 일반화 오류 때문이다.

같은 한국인이라도 성장배경, 이념, 취향 등에 따라 사고방식이 모두 다른데, 서양인은 한국, 일본, 중국 등을 아시아로 묶어서 계산이 빠르고, 절약하며, 부지런하다고 여긴다. 그들은 자신이 만나본 소수의 아시아인이나 미디어에서 그려지는 아시아인의 행태가 전체를 대표한다고 잘못된 판단을 하는 것이다. 우리 역시 동남아인은 게으르다거나, 중국인은 위생 관념이 약하다고 여기는 등 일반화 오류에서 자유롭지 못하다.

백조는 하얗다는걸 한번도 의심한 적이 없던 상황에서 호주에서 검은 백조가 발견되었을 때 사람들은 충격에 빠지게 되었고, 블랙스완은 예상치 못한 일이 실제 일어나는 경우를 의미하게 되었다. 우리는 사건이나 현상이 종모양의 정규분포를 이룬다고 생각하지만, 세상이 복잡해질수록 정형화된 사건은 감소한다. 오히려, 특이하고 모호한 현상이 늘어나면서, 통계의 양 끝에 위치한 사건의 발생 가능성이 증가하였다.

과거에는 제품을 본사에서 개발하고 세계 각지의 공장에서 생산하는 구조이므로, 수요가 증가하더라도 추가 공장이 건설되기까지 시간이 소요되었다. 하지만, 현재는 애플이나 ARM에서 보듯이 하이테크 기업은 제품개발만 담당하며, 완전 외주 생산을 통해 공장을 소유하지 않는다. 더 나아가 넷플릭스처럼 판매 제품이 존재하지 않고 인터넷 접속만으로 콘텐츠를 제공함으로써, 이용자가 수억명으로 늘어나더라도 몇 대의 서버만 추가로 설치하면 모두 수용이 가능하다.

노동력이 풍부하고 교통이 편리하여 사업하기에 좋은 위치라는 것은, 공장이 있는 제조기업에만 통용될 뿐이다. IT기업에게 공장은 데이터센터로서, 서버와 저장장치를 24시간 가동하려면 막대한 전력이 소요되므로, 좋은 위치라는 곳은 사람이 살 수 없더라도 열을 식히기에 적합한 곳이다. 이에, 마이크로소프트는 바닷속에, 페이스북은 북극 근처에 데이터센터를 설립한다. 이것만 보더라도, 하나를 보면 열은 안다는 속담은 투자에서 더 이상 적용되지 않음을 알 수 있을 것이다.

발가락만 닮았는데 유추 오류

유추는 대상 간에 비슷한 특성이 있을 때, 한쪽의 성질을 바탕으로 다른쪽의 성질도 유사할 것으로 추정하는 것이다. 인생을 마라톤에 비유하며 힘들고 어려운 순간을 극복하면 완주의 성취감을 느끼듯 하루하루 열심히 살아가면 성공의 기쁨을 누리는 때가 있다고 하는 것이 대표적인 예다. 범인이 사건현장에 남긴 증거나 범행패턴을 분석해 심리상태나 성격 등을 파악하여 미래 범죄를 예측하는 프로파일링도 유추에 해당한다.

　유추의 장점은 경험, 통계, 공통점 등에 근거하여 복잡하고 생소한 것을 단순하고 익숙한 것으로 변환하여, 사건이나 현상을 빠르고 쉽게 이해함으로써 결론을 빨리 도출할 수 있다는 점이다. 하지만, 편견이 개입되거나 논리적 타당성이 부족한 경우에는 잘못된 유추를 하게 되고, 이는 잘못된 신념이라는 부작용을 낳는다.

세계에는 바람에 의해 침식된 바위나 절벽이 동물 모양을 닮아 관광지화된 곳이 많은데, 우리나라 거제도의 다도해 국립공원, 베트남 하롱베이, 대만 예류지질공원, 미국 그랜드캐넌 등에는 동물의 이름을 딴 바위가 많다. 심지어, 나사가 촬영한 화성 사진에서도 외계인 얼굴 바위를 발견했다고 주장하는 사람도 있는데, 이는 사건이나 현상에서 규칙이나 패턴을 찾으려는 클러스터 착각 때문이다. 인간은 자신의 경험, 지식 등에 비추어 연관 짓거나 어림짐작하여 대상을 인식하는 경향이 있다. 원시시대에 뱀이나 곰 같은 위험으로부터 자신을 보호하기 위해서는 비슷한 모양의 동물만 봐도 위험동물로 유추하고 도망가야만 생존 가능성을 높일 수 있었기 때문이다.

투자도 마찬가지로, 과거의 주가 데이터를 분석하여 미래 주가를 예측하는 기술적 분석을 신봉하는 사람이 적지 않다. 과거의 주가흐름과 변동폭을 나타내는 이동평균선, 지지선, 저항선 등은 다수 투자자의 심리와 시장의 방향성을 나타내는 지표일 뿐, 그것이 주가를 예측하지는 않는다. 그럼에도 불구하고, 엘리어트 파동이론, 코스톨라니 달걀모형, 수많은 주가변동패턴 등을 신봉하는 사람이 많다.

차트분석은 쓸모없는 것이 아니라, 수많은 참조지표 중 하나일 뿐이다. 기관투자자들도 기술적 분석을 하지만, 주가변동이 과거와 유사하다고 해서 현재도 동일하게 변동될 것으로 예측하는 것이 아니다. 다양한 지표와 정보를 바탕으로 알고리즘을 설계하고 이를 지속적으로 수정하여 참조용으로 사용한다. 만약 슈퍼컴퓨터를 통해 과거 주가로 미래 주가를 예측할 수 있다면 모든 투자자는 같은 생각을 하게되어 매매가 체결될 수 없는데 이런 일은 현실에서 발생하지 않는다. 주가는 경영, 재무상황, 기술 등 기업 내부의 상황과 경제, 금리, 환율 등 외부환경이 복합적으로 작용하여 결정되므로 정확한 예측이 불가능하기 때문이다.

원인과 결과가 잘못된
인과 오류

까마귀 날자 배 떨어진다는 동시에 두 개의 사건이 우연히 일어났을 뿐인데, 마치 관계가 있는 것처럼 의심받는 상황을 나타내는 속담이다. 까마귀가 날면서 날개가 부딪쳐서 배가 떨어진건지, 바람이 불어서 배가 저절로 떨어진건지 원인이 불분명한데도, 까마귀가 날고 난 후 배가 떨어졌으므로 까마귀가 원인이라고 오해하는 것이다. 하지만, 인과관계가 성립되기 위해서는 세가지 요건이 필요한데, A가 먼저 발생해야 하고, A 때문에 B가 변화해야 하며, 다른 이유는 없어야 한다.

폭력영화는 사람을 난폭하게 만든다는 말은 언뜻 보면 맞는 인과관계처럼 보인다. 하지만, 먼저 폭력영화를 보고 나중에 난폭해진게 아니라, 원래 난폭한 사람이 나중에 폭력영화를 자주

시청할 수도 있으므로 선후관계가 틀릴 수 있다. 키가 커서 몸무게가 많이 나간다는 표현 또한 모호하다. 키는 몸무게에 영향을 미치는 요인이기는 하지만, 키는 그대로이나 과식 때문에 몸무게가 증가했을 수도 있다. 마지막으로, 경기침체 때문에 범죄가 증가했다는 표현 역시 인과관계를 단정할 수 없다. 보안이 허술해졌거나 경찰의 방범활동이 강화되면서 범죄자 적발이 더 많아지는 등 다른 이유 때문에 범죄가 증가한 것처럼 보일 수 있기 때문이다.

이런 오해는 투자에서도 발견되는데, 우리는 금리가 인상되어 주가가 내려갔다거나 실적이 좋아서 주가가 올랐다는 뉴스를 흔히 접한다. 이는 주가가 내려간 시점에 특정 원인과 결부하여 인과관계로 설명하는 것이 가장 쉽기 때문이다. 하지만, 주가는 실적 등 기업 내부이슈부터 시장환경이라는 외부상황까지 수십가지 요인이 상호작용하여 결정되므로, 상관관계를 인과관계로 잘못 판단한 것이다. 인과관계는 A 때문에 B가 변동하는 한방향 화살표인 데 반해, 상관관계는 둘 중 하나가 변하면 다른 것도 변하는 양방향 화살표이기 때문이다.

하지만, 상관관계도 투자에 유용하게 사용될 때가 있는데 바로 자산을 배분할 때다. 미래 성장주에 투자할 때 주가의 높은 변동성 때문에 투자가 힘든 경우가 많다. 십 년 후 주가가 몇배로 오르는 것은 불확실한 가정인 반면, 현재의 수십퍼센트 손실은 이미 발생한 사실이기 때문이다. 이때, 자산배분을 통해 10%만 성장주에 투자했다면 현재의 손실도 1/10로 줄일 수 있다. 성장주와 상관관계가 정반대인 안전자산에 10%를 투자하면, 손실과 수익이 상쇄되어 원금도 유지할 수도 있으므로 투자할 용기를 얻을 수 있다.

뭉쳐도, 흩어져도 문제인
합성, 분할 오류

유럽은 축구가 종교라고 불릴 정도로 스타플레이어와 이를 추종하는 열성팬이 많다. 손흥민 선수가 활약중인 영국 프리미어리그, 안정환 선수가 뛰었던 이탈리아 세리에, 이강인 선수가 출전했던 스페인 프리메라리가가 3대 명문리그로 불린다. 하지만, 2021년에 들어 프랑스가 급부상하게 되는데 파리상제르망에서 아르헨티나 메시, 브라질 네이마르, 프랑스 음바페라는 최고의 선수들로 팀을 구성했기 때문이다.

몸값만 수천억원에 달하는 각 나라의 대표선수들이 집결하여 무난히 챔피언에 등극할 것으로 기대했지만, 프랑스컵, 유럽챔피어십 모두 16강에서 탈락하는 이변이 발생했다. 다음해에도 동일한 결과가 발생하자 기대는 실망으로 바뀌며 엄청난 비난이 쏟아졌고 메시는 미국으로, 네이마르는 사우디아라비아로 이적하게 된다.

합성 오류는 부분이 가진 속성이 전체에서도 그대로 나타날 거라 믿는 것이다. 각 개인은 최고의 선수지만 팀으로 합치면 선수 간 불화, 비협조 등으로 최고 기량이 발현되지 않을 수 있다. 콜라와 커피는 많은 사람이 좋아하는 고유의 맛을 가지고 있지만 이 둘을 섞어놓으면 전혀 다른 맛으로 변해버리는데, 합성 오류는 비단 스포츠나 음식뿐 아니라 기업 인수합병에서도 잘 나타난다.

벤츠는 크라이슬러를 40조에 인수하면서 고급차에서 대중적인 차로 제품군을 다양화하면 세계시장에서 점유율을 높일 것으로 기대했다. 하지만, 임금, 조직문화 등이 너무 달라 합병회사는 전혀 다른 회사로 전락하고 말았다. 독일의 벤츠는 직원 간 임금 격차가 적고, 치밀한 계획을 수립하고 장시간 회의하는 것을 당연시했다. 반면, 미국의 크라이슬러는 성과중심 문화로 스톡옵션을 통해 직원 간 연봉이 수십배나 차이가 나고, 장시간의 서류 작업이나 회의는 시간 낭비로 생각하여 우선 시행 후 문제점을 수정하는 방식을 선호했다. 직원 간 비협조와 갈등뿐만 아니라, 유통망, 부품 공유를 통한 비용 절감에도 실패하고, 우수인력이 잇달아 퇴사하면서 벤츠는 10년만에 막대한 손실을 기록하며 지분을 매각했다.

한편, 분할 오류는 전체의 속성을 각 부분도 가지고 있다고 잘못 판단하는 것이다. 100년이 넘는 역사를 가진 제너럴일렉트릭GE은 경영의 천재로 불렸던 잭 웰치의 재임기간 동안 기차, 가전제품 등에서 성공하며 미국 제조업의 상징으로 여겨졌다. 하지만 금융, 미디어 등 문어발식 확장으로 비효율적이고 관료적인 회사로 변질되면서 다우지수30에서 제외되는 등 한물간 회사로 평가받았다.

GE가 위기 타개를 위해 헬스케어, 항공, 에너지 3개사로 분리하기로 결정했을 때, 대부분의 사람은 기업이 분할되어도 부실한 경영이 개선되기 어려울 것으로 예상했다. 그러나, 경영관리가 단순화되고 본업 집중에 따른 업무 효율성이 향상되며 사업경쟁력이 회복되면서 주가도 큰 폭으로 상승하였다. 뭉치면 살고 흩어지면 죽는다는 말이, 기업 경영에는 적용되지 않을 수 있다.

세상을 보는 왜곡된 창문인 액자 오류

어릴적 미술시간에 셀로판지를 오려붙여 안경을 만들 때 검은색을 쓰면 깜깜한 밤이 되었다가, 노란색을 쓰면 밝은 낮이 되었다가, 붉은색을 쓰면 불타오르는 저녁처럼 보이게 된다. 액자 오류는 사건이나 현상이 동일함에도 불구하고 겉으로 드러난 표현의 차이로 인해 다르게 판단하는 오류다. 돈을 사용하지 않는 사람에게 긍정적 프레임을 적용하면 알뜰한 사람이 되지만, 부정적 프레임을 적용하면 구두쇠가 되는 것이다.

만약 300명의 말기 암환자를 위한 신약이 두종류 개발되었는데, A약은 확실하게 100명을 살리고, B약은 67% 확률로 전원 사망하거나 33% 확률로 전원 생존한다면 어떤 약을 선택할 것인가? 대부분 A약을 선택했겠지만, 질문을 바꿔서 A약은 확실하게

200명이 사망하고, B약은 33% 확률로 전원 생존 또는 67% 확률로 전원 사망한다면 대부분 B약을 선택한다. 질문에 따라 선택은 달라졌지만 사실 두 질문은 동일한 내용이다. 확실하게 발생하는 사건의 대상이 첫질문은 100명 생존을 강조했고, 두 번째 질문은 200명 사망을 강조했을 뿐이다.

액자오류는 우리 일상에서 흔히 목격되는데, 사람들은 책상세트는 100만원이고, 배송비는 5만원이라는 설명을 들으면 비싼 제품가격에 배송비까지 별도 부담하는 느낌을 받아 구매를 꺼리게 된다. 하지만, 영리한 세일즈맨은 105만원에 책상세트를 구매하면 무료 배달이며, 직접 가져가면 5만원을 할인해주겠다고 얘기한다. 별도의 배송비가 없거나 오히려 직접배송시 추가로 할인받는 기분을 갖게 만드는 것이다. 실제 비용은 105만원으로 동일한데도 배송비에 대한 표현이 긍정적이냐 부정적 프레임이냐에 따라 의사결정이 바뀌게 된다.

정치에서는 여론몰이를 통한 지지세력 결집을 위해 프레임을 사용하여 양자간 대립구도를 만든다. 오바마 대통령은 인종 차별, 약자 보호를 주장하며 평등과 기득권 대결구도를 만들었고, 트럼프는 미국 우선주의를 주장하며 미국시민 대 외국인의 대결구도를 만듦으로써 대선에서 승리했다.

기업도 자사의 비전, 전략이 경쟁사보다 우수함을 각인시키는 마케팅을 구사한다. 애플은 독창적 기능, 멋진 디자인, 직관적 사용환경 등을 갖춘 혁신을 강조함으로써, 경쟁제품을 구태의연한 모방품으로 절하한다.

주식시장의 대표적인 액자오류는 액면분할이다. 액면분할은 주가가 비싸 거래가 힘든 경우 주식수를 늘리고 주가를 낮추어 거래를 촉진하는 것이다. 주가가 낮아져 기업가치가 할인된 착시효과를 느끼는 액자오류로 인해 애플, 테슬라는 액면분할 후 주가가 상승하기도 했지만, 주식수에 주가를 곱한 기업가치는 변동이 없는게 정상이다. 5만원권 1장을 1만원권 5장으로 바꿔준들 돈의 가치는 바뀌지 않는다는 것을 잊지 말자.

이제 나올때가 됐다고 믿는
도박사 오류

교황이 사는 바티칸 다음으로 세계에서 두번째로 국토가 좁은 나라인 모나코는 싱가폴과 같이 도시가 국가인 나라다. 프랑스 남부에 위치하여 온화한 날씨와 멋진 해변을 갖고 있으며, 세금도 없어 전세계의 수많은 부유층이 몰려들면서, 슈퍼카와 연관된 자동차 경주와 카지노 산업이 자연스레 발달하게 되었다.

도박사의 오류는 모나코 몬테카를로 카지노의 룰렛 게임에서 유래되어 몬테카를로 오류라고도 불린다. 빨강과 검정으로 이뤄진 돌림판에서 구슬이 20번이나 검은칸에 들어가자 수많은 사람이 몰려들어 빨간칸에 돈을 걸었다. 하지만, 구슬은 27번째가 되어 빨간칸에 들어갔고 그 사이 대부분의 사람은 가진 돈 전부를 잃게 되었다. 구슬, 주사위, 동전 등은 독립사건이므로 한면이 수천번 연속 나오는 것이 가능한데도, 과거 결과가 미래에 영향을 준다고 믿는 것이 도박사의 오류이다.

일확천금을 꿈꾸는 사람이 많아질수록 승률을 계산하기 위해 수학도 더불어 발전했는데, 확률론은 파스칼이 친구에게서 받은 편지에서 시작되었다. A, B 두 사람이 각 32만원의 돈을 걸고, 동전을 던져 나온 면을 3번 맞추면 이기는 게임을 하다가, A는 2번, B는 1번 맞춘 상태에서 게임이 중단되면, 상금을 어떻게 나눠야 할지를 물었다. 총 3번을 맞추는 경우는 4가지로서 1)A가 두번 맞추거나, 2)A가 맞춘 후, B가 맞추거나, 3)B가 맞춘후, A가 맞추거나, 4)B가 두번 맞추는 경우로 구분된다. 따라서, 상금 64만원중 A는 승리확률 3/4를 곱한 48만원을, B는 승리확률 1/4을 곱한 16만원을 가지면 되는 것이다.

수학적 계산이 명백한데도 불구하고, 로또를 구매하는 사람 중에는 과거의 추첨번호를 모두 기록하여 지금까지 잘 나오지 않은 번호를 조합하는 사람이 있다. 모든 숫자가 나올 확률은 동일하고 특정 번호만 잘 나오지 않았으니 곧 추첨될 것이라고 믿기 때문이다. 하지만, 각 숫자가 뽑힐 확률이 동일하다는 것은 수백, 수천번이 아닌 무수히 많은 시도를 할 경우에만 해당되므로 특정 사건 뒤에 어떤 일이 발생할지를 예측할 수는 없다.

투자도 마찬가지여서 며칠간 주가가 연속으로 하락한 종목은 이제 반등할 때가 됐다고 기대한다. 하지만, 주가는 적정한 기업가치를 찾아 변동할 뿐 어제의 하락이 오늘의 변동에는 아무런 영향을 주지 않는다. 과거에 5일간 하락하면 기술적 반등으로 주가가 상승한 경험이 있다 하더라도 우연의 일치일 뿐 모든 주식이 며칠간 하락하면 반드시 반등하는 것은 아니다. 데이터에 근거한 합리적 분석을 하지 않고 막연한 기대로 매매하는 것은 용기가 아닌 만용이며, 요행을 바라는 도박과 다를 바 없다.

토마토는 채소인가, 과일인가, 범주화 오류

고양이, 소나무, 강아지, 은행나무, 토끼, 거북이, 대나무, 사슴. 이 단어들을 효과적으로 기억하는 방법은 동물(고양이, 강아지 등)과 식물(소나무, 은행나무 등)로 분류하여 외우는 것이다. 우리는 매일 경험하는 수많은 사물과 현상을 개별단위로 기억하는 것은 불가능하기에 특성, 개념 등으로 묶어서 분류한다. 또는, 식물〉과일〉딸기 등으로 상하 계층을 나누거나, 사과-딸기, 바나나-망고 등과 같이 계층 내에서 색깔, 모양 등으로 분류하기도 한다. 이러한 범주화는 사물에 대해 일일이 설명하지 않아도 상대방이 동일하게 인지할 수 있어 소통의 효율성을 높이는 효과가 있다.

하지만, 모두에게 통용되는 분류가 아닌 자신의 지식과 경험에 의한 잘못된 범주화는 편견과 판단의 오류를 불러온다. 몸에 문신을 한 10대 흑인소년이 상점을 약탈하는 것을 목격한 후 개인의 범죄행위로 인식하지 않고 범주화 오류를 저지를 수 있다. 문신을 기준으로 범주화하거나, 10대라는 나이, 흑인이라는 인종 등 자의적 기준으로 범주화하면, 해당 집단을 잠재적 범죄자로 인식하는 오류를 저지른다.

우리는 정상 범주에서 벗어난 것을 비정상이라고 명명하며 차별해 왔지만, 비정상은 그냥 다른 것일 뿐이다. 180㎝의 키는 큰 편에 속하지만 농구선수를 하기에는 작은 키듯이 범주는 어떻게 구분짓느냐에 따라 정상이 비정상이 되고, 큰 것이 작은 것이 되는 등 하나로 고착되지 않고 비교대상에 따라 변화한다.

미국 매사추세츠주의 마서즈 비니어드 섬에는 청각장애자가 주민 4명중 1명일 정도로 흔해서, 일반인들도 말과 수화를 섞어서 소통하는 것이 당연한 곳이다. 정상이라는 것이 사회 다수가 공유하는 것이라면, 이 섬에서는 수화를 할 줄 모르는 사람이 정상일까, 비정상일까?

투자에서 흔히 발생하는 범주화 오류는 주식을 배당주, 성장주 등으로 그룹화하는 것이다. 배당은 기업의 수익을 투자자에게 지급하는 것으로 기업의 특성, 전략에 따라 배당률이 결정된다. 코카콜라, 골드만삭스 등 주가 대비 5% 이상의 현금을 지급하는 배당주는 기술개발이 필요없는 전통적 기업이 많은데, 고객 충성도가 높아 안정적인 수익구조를 가졌으나 성장 가능성은 낮다.

반면, 테슬라 등 배당이 거의 없는 성장주는 지속적인 연구개발이 필요한 하이테크기업으로서, 현재는 높은 경쟁으로 인해 수익률이 낮지만 미래에는 성장가능성이 높을 것으로 평가한다. 이에, 배당률이 높으면 안정적 수익의 전통기업, 낮으면 성장잠재력을 보유한 하이테크기업으로 분류하는 것이다.

하지만, 현실은 배당주와 성장주의 구분이 무의미한 경우가 많다. 마이크로소프트는 윈도우 운영체제와 엑셀, 파워포인트 등 문서편집기로 세계를 호령하던 하이테크기업이었으나, 소프트웨어시장 포화로 성장률이 정체되면서 일반기업으로 전락하였다. 하지만, 원격근무 확산 등에 따른 클라우드 컴퓨팅 수요가 증가하고 생성형AI를 자사 제품에 결합한 프로그램을 출시하면서 하이테크기업으로 변모하고 있다.

구글의 검색엔진에 밀려 유명무실했던 빙 검색엔진은 생성형AI를 결합하여 대화형식으로 정보를 제공한다. 이메일은 생성형AI가 결합되어 생일축하파티 초대장을 만들어 달라고 요구하면 AI가 재치있는 문구부터 예의를 갖춘 초대장까지 다양한 형태로 만들어준다. 워드, 엑셀, 파워포인트 문서편집기는 장문의 보고서를 간단하게 요약하고, 글자를 그래프로 변환하며, 다양한 디자인이 가미된 발표자료를 대신 작성해준다.

비행기의 부조종사를 뜻하는 코파일럿copilot 기능의 생성형AI가 기존 제품에 결합되어 사용자의 편의성이 대폭 향상되면서,

2024년 마이크로소프트는 애플을 제치고 시가총액 1위에 오르기도 했다. 기술의 진보와 산업의 변화로 1위에서 물러난 기업이 수년만에 다시 정상을 탈환하는 것은 백년이 넘는 미국주식시장 역사에서도 보기 드문 일이다. 이처럼 섣부른 범주화를 경계하고 기존 범주가 고착화되지 않아야 시대의 변화를 읽고 올바른 투자판단을 할 수 있다.

내 것이니까 특별한
소유효과 오류

아이쇼핑을 하러 의류매장을 둘러보고 있으면 어느새 직원이 와서 말을 건넨다. '한번 입어보세요.' 열글자도 되지 않는 이 짧은 문장은 쇼핑에 관심이 없던 사람도 구매하게 만드는 마력을 지녔다. 쿠팡, 아마존 등의 무료환불 정책이 처음 도입됐을 때 잦은 환불로 인한 판매 감소, 배송비 증가를 우려했으나 반품률은 미미한 수준에 불과했다. 물건을 소유하게 되면 그 기간이 아무리 짧더라도 정서적 유대감을 갖게 되어 소유품에 대해서는 높은 가치를 부여하는 소유효과 때문이다.

한국에 BTS가 있다면 미국에는 테일러 스위프트가 있는데 2억장 이상의 음반을 판매한 유명 가수일 뿐만 아니라, 스위프트노믹스라 용어를 만들 정도로 공연이 열리는 도시의 호텔, 식당

등 매출이 늘어나는 경제효과를 만들어낸다. 그녀가 예술계와 경제계에 미친 영향을 분석하는 강의가 하버드, 스탠포드, 버클리 등 주요 대학에서 개설되는 것만 봐도 그녀의 위상이 어느 정도인지 짐작될 것이다. 한해동안 미국 공연티켓 판매만 3조원에 달할 정도로 높은 가격에도 불구하고 전세계에서 공연을 보기 위해 팬들이 몰려든다. 이로 인해, 정상가격 백만원인 티켓이 암표로 5천만원까지 치솟기도 하는데, 희소성과 자신이 가졌던 티켓이라는 소유효과가 결합됐기 때문이다.

소유효과는 정서적 애착이 중요하며, 대상이나 보유시간과는 무관하게 나타난다. 노령의 창업주는 청춘을 바쳐 일궈낸 회사를 자녀들에게 물려주려 하지만, 자식들은 힘든 기업경영 대신 공장을 허물고 빌딩을 지어 임대사업을 원하는 경우가 있다. 창업주는 자신의 회사를 계속 운영해줄 투자자에게 회사를 매각하려 하지만, 자산가치에 자신의 피땀 어린 노력이라는 소유효과 가치를 더해 과대평가하다 보니, 협상이 무산되는 경우가 많다.

학교 로고가 새겨진 컵을 학생들에게 나눠주고 잠시후 구매자와 판매자로 나눠 컵을 매매하게 한 실험에서도 이와 같은 현상이 나타난다. 몇분간 소유했을 뿐인데 판매자는 컵의 가치를 구매자가 생각하는 가치보다 몇배나 높게 부여하는 것도 소유효과 때문이다.

투자에서도 자신이 직접 분석하여 발굴한 회사일수록 그동안의 시간과 노력에 비례하여 소유효과가 증가하여, 자신의 주식은 장점만 보이고 주가가 내리더라도 곧 회복할거라고 근거없는 믿음에 빠지게 된다. 이런 소유효과를 방지하기 위해서는 항상 신뢰할 수 있는 정보로 분석하고 객관적으로 판단하는 습관을 지녀야 한다. 매수 시 목표하는 매도가를 설정하고 그 가격에 도달하면 기계적으로 매도할 수 있는 냉철함이 있어야 한다. 사람을 사랑하되, 주식과 사랑에 빠져서는 안 된다.

우리반 평균 키가 높은
통계 오류

데이터에 근거하여 객관적으로 판단하라고 말할 때는 데이터가 거짓말을 하지 않는다는 믿음이 전제된다. 백마디 말보다 하나의 통계가 더 강한 설득력을 갖지만, 통계를 다양하게 가공하면 숫자는 손대지 않고도 사용자의 입맛에 맞춰 왜곡된 결과를 산출할 수 있는데, 대표적인 통계 오류는 표본 추출에서 발생한다.

'설문조사 결과 응답자의 90%가 우리 전등의 수명이 훨씬 긴 것으로 답변하여, 제품의 우수성이 입증됐다'라는 문구에서 몇 개의 통계 오류를 발견했는가? 첫째, 응답자라는 조사대상이 누구인지 불명확한데, 일반 소비자가 아닌 우리회사 관계자들을 대상으로 한 설문이라면 대답의 객관성이 의심된다. 둘째, 90%의 표본수를 알 수 없는데 총 10명을 조사하여 9명이 찬성한 것이라면 표본이 너무 적어 통계로서 대표성을 가질 수 없다. 셋째, 수명이 훨씬 긴 것과 우수성의 인과관계를 알 수 없는데 소비자는 전등의 수명보다 밝기를 더 중요시할 수 있으며, 수명이 2배 길지만 가격이 3배 비싸다면 가성비가 낮아 수요가 적을 수도 있다.

예를 하나 더 살펴보자. '지난달 제품 1만개를 생산하여 100개의 불량품이 나왔는데, 이번달에는 120개의 불량품이 발생해서 불량률이 20% 증가했다.' 이번에는 몇 개의 오류를 발견했는가? 첫째, 지난달은 불량률이 1만개 중 100개로 1%지만 이번달은 생산량을 모르므로 불량률을 알 수 없다. 둘째, 불량률 20% 증가의 비교대상은 불량품이 아닌 전체 제품중 불량품의 비율로 평가해야 하는데, 만약 이번달 생산제품이 2만개라면 불량률은 120/20,000으로 0.6%가 되어 지난달 1% 대비 불량률은 20% 증가가 아니라, 오히려 40% 감소했을 수 있다. 그 외에도 계절에 따른 수요 변화를 무시하고 특정 기간 자료만 사용하거나, 전체 중 일부 데이터만 추출하는 것도 표본 오류에 해당한다.

다음으로 조사방법도 통계 오류를 일으키는데 조사자의 의도가 담긴 유도성 질문이 그것이다. '생명체인 태아를 살해하는 낙태에 찬성하는가?'라는 질문은 살해에 초점을 맞추어, 응답자도 낙태에 동의하는 것에 죄의식과 부담을 느끼게 만들어 반대하도록 유도한다. 질문을 바꾸어 '범죄 등 원치 않는 임신으로부터 여성을 보호하기 위해 낙태에 찬성하는가?'라고 물으면, 피해자로서의 여성이 부각되므로 자기방어권으로서 낙태에 찬성하도록 유도한다.

때로는 극단적 표현을 사용하여 '정부가 환경문제 해결을 위해 모든 조처를 하고 있는가?'라는 질문은, 현재의 조치보다 더 많은 조치가 있다는 것을 암시함으로써 현재 대응이 미흡하다는 답변을 유도한다. 한편, 조사목적에 따라 답변이 달라지기도 하는데 영세사업자를 위한 저금리대출 지원 목적으로 가게의 월매출이 얼마인지 질문하면 실제보다 축소해서 응답한다. 하지만, 코로나로 영업 중단에 따른 피해보상 목적으로 월매출을 조사하면 보상금을 과다 수령하기 위해 매출을 부풀려 대답하는 것이다.

마지막으로, 부적절한 통계치의 적용이다. 중학교 1학년 3반 남학생들의 키를 측정했더니 농구선수가 2명 있어서 평균이 180cm로 나왔다면 평균이 아닌 중간값을 사용하는게 적절하다. 평균임금이 고연봉의 임원 때문에 높게 나왔다면 가장 흔하게 나타나는 최빈값을 사용하는게 합리적이다.

A주식의 투자수익률이 10%이고 B주식의 투자수익률이 2%면, 평균수익률을 6%로 계산하는 것도 흔히 저지르는 실수인데, 이는 투자금액이 같을 때만 성립한다. 만약 A주식에 100만원, B주식에 1천만원으로 투자금액이 다르다면, 가중평균한 수익률은 (100만원 × 10% + 1천만원 × 2%) / 1,100만원 = 2.7%에 불과하다.

교통사고는 어두워서 물체를 식별하기 힘든 밤에 많이 발생할 거 같지만 실제로는 낮에 발생하는 건수가 압도적으로 많다. 낮의 교통량이 밤보다 훨씬 많기 때문에 혼잡도를 고려하면 당연한 결과다. 따라서, 데이터 분석 시 출처와 산출법을 확인하고 숫자 이면에 숨겨진 내용을 해석할 수 있어야 통계에 속지 않을 수 있다. 숫자는 거짓말을 하지 않는다. 다만, 숫자를 작성하는 사람이 거짓말을 할 뿐이다.

4장

。

투자 기준

투자 범위를 정해라

잘못된 인지 편향과 판단오류에 빠지지 않고 여기까지 왔다면, 이젠 자신만의 투자기준을 수립할 때이다. 주식시장은 매일 쏟아지는 정보와 뉴스들로 급등락을 반복하여, 강심장을 가진 사람도 탐욕과 공포의 감정 동요를 느끼며 시장의 분위기에 휩쓸려 매매하기 쉽다. 투자기준은 이렇게 격랑하는 변화 속에서 중심을 잡고 자신의 길을 걸어가게 해주는 나침반과 같다. 계획이나 예측이 빗나가더라도, 방향만 맞다면 시간이 걸리더라도 우리가 목표했던 곳으로 이끌어 준다.

우선, 금액, 기간, 감수위험을 고려하여 투자범위를 정해야 하는데 이것은 독립적인 것이 아니라 상호연관 되어 있다. 예를 들어, 앞으로도 사용계획이 없는 여유자금인 3천만원은 30년간 전액손실 위험을 감내할 수 있으므로 고성장 주식으로 운용한다. 남은 2천만원은 결혼 준비자금이므로 2년간 10% 손실까지는 수용 가능하므로 우량주 위주로 투자범위를 정하는 것이다. 물론 수익과 위험은 동전의 양면과 같아서 수익은 높으면서 위험이 낮은 투자란 존재하지 않는다. 위험은 자신이 투자한 기업의 이슈로 발생하기도 하지만, 금리, 경제성장 등 시장환경 요인으로 발생하기도 한다.

기업과 종목을 정해라

투자범위를 정하고 나면, 가장 중요한 것이 기업 선정이다. 앞서 통찰에서 언급한 좋은 기업을 찾아내는 능력인 호기심, 관찰, 연결 등을 통해 십 년 후 시대 변화를 상상해 보자. 하늘엔 에어택시가, 지상에는 자율주행차가 다니며, 사람은 실제와 가상이 결합된 증강현실 장비를 착용하고, 로봇이 일상생활에 많이 활용되고 있을 것이다.

이런 미래가 가능하려면 끊김없는 빠른 인터넷이 필수다. 바다 위나 깊은 산속까지 원활한 통신을 하려면 인터넷은 지상이 아닌 하늘에 있어야 하고, 이를 위해서는 통신위성 제작회사, 로켓 발사회사가 필요하다. 또한, 인공지능이 실시간으로 상황을 분석하려면 정교한 알고리즘과 판단오류가 없어야 한다. 장애물,

날씨, 주변차량 등과 실시간으로 데이터를 분석하는 슈퍼컴퓨터와 정교한 알고리즘으로 방대한 계산을 지원하는 고성능 반도체 회사가 유망할 것이다.

이처럼 십 년 후 미래의 제품이 어떤 기능을 지녔는지 상상하고 이를 위해서 어떤 기술이 필요할지 추정하면, 현재 어느 회사가 이것을 개발하고 있는지 파악할 수 있다. 투자대상 기업 목록을 만들 때 첫번째 고려사항은 얼마나 많은 제품수요가 있는지를 나타내는 시장규모로서 미래제품이 현재제품을 대체하는 것이라면 추정이 쉽다. 예를 들어. 승차공유가 처음 도입되었을 때 시장규모를 예측하려면 우버는 택시를 대체하므로 택시시장 규모에서 우버의 예상 점유율을 곱해서 추정할 수 있다. 또한, 택시에서 우버로 전환한 이용자에 택시수를 곱하거나, 유사한 공유 서비스인 에어비앤비가 호텔시장을 어떻게 잠식해갔는지를 통해 유추할 수도 있다.

그러나, 음식배달과 같이 새로운 시장을 창출한 것이라면 비교 대상이 없어 시장규모 추정이 쉽지 않다. 기존의 음식배달은 치킨, 피자, 중국음식 등으로 한정되어 있었으나, 전문 배달회사의 등장으로 식당은 물론이고 시장, 편의점 등으로 확대되었다. 따라서, 시장을 세분화하여 각각의 방문매출과 배달매출을 합산한다든지, 시범서비스 도입시의 매출액에 연평균 성장률을 곱하는 등으로 잠재수요를 추정해 볼 수 있다.

가장 매력적인 시장은 현재 시장규모는 미미하지만 향후에 지속적으로 성장하거나, 인접 상품 매출로 뻗어나갈 수 있는 확장성이 있는 곳이다. 테슬라의 현재 주수입은 전기차 판매이지만, 향후에는 충전소, 자율주행 소프트웨어 판매 등으로 확대될 것으로 보이는데, 특히 급성장이 예상되는 분야는 자동차 보험수입이다.

기존 자동차 보험은 운전자의 나이, 성별, 직업, 운행거리 등에 따라 보험료를 차등했다. 영업직의 20대 남성은 장거리 이동, 외부활동이 많아 사고위험이 높다고 추정하여 보험료를 높이고, 50대 사무직 여성은 자동차를 조심스럽게 운전할테니 저렴한 보험료를 부과하는 방식이었다. 보험사도 이것이 인지 편향이라는 걸 알지만 운전자를 CCTV로 감시할 수 없기에 다른 방법이 없었다.

반면, 테슬라 보험은 자동차사고의 핵심 원인인 운전자 습관을 차량 내 센서로 측정한다. 급브레이크를 밟거나 차량간격을 미유지하여 경고가 뜨는 빈도와 사고 확률을 계산하여 보험료를 차등 부과함으로써 높은 신뢰성을 바탕으로 매출 확대가 예상된다.

두 번째 고려사항은 기술인데, 좋은 기술은 시장성, 경쟁력, 완결성이 있어야 한다. 초기의 가상현실 안경은 무겁고, 열이나며, 어지럼증을 유발하는 문제로 인해 일부 게임매니아만 사용하며 냉대를 받았다. 하지만, 지속적으로 장비를 개선하고, 게임 외 스포츠, 놀이기구 등으로 확장하며 시장수요가 증대되고 있다.

기술 경쟁력을 결정하는 것은 개발 난이도다. 전기차는 모터와 배터리를 연결하면 작동이 가능할만큼 간단하다 보니 벤처기업 등 수백개 이상의 제작회사가 있는 반면, 로켓을 우주로 발사하는 회사는 손에 꼽을 정도이다. 로켓 기술은 대륙 간 미사일로 사용될 수 있는 일급기밀로 분류되어 정보 접근이 어렵고, 막대한 연구비가 소요되어 선뜻 진입하기가 어렵다. 이로 인해, 사람을 우주정거장으로 실어나를 수 있는 대형로켓은 스페이스엑스가 사실상 독점하고 있다. 발사비용 절감을 위해 1단로켓의 무인 착륙에도 성공하면서, 경쟁사와 기술격차가 수년 이상 확대되어 앞으로도 장기간 독주가 예상된다. 기술의 완결성은 실험실의 이론연구에 성공한 후, 시제품 개발, 모의 테스트 등을 거쳐 대량생산에 이르는 많은 장애물을 모두 극복할 수 있는지가 중요하다.

세 번째 고려사항은 재무상황으로, 매출 성장성의 경우 하이테크기업은 매출이 완만하게 증가하는 것이 아니라 계단처럼 급격하게 성장하는데, 이런 대도약을 퀀텀점프라고 부른다. 오랜 기술연구 끝에 시제품을 개발하면 처음으로 매출이 발생하고, 실제 제품으로 출시되면 매출이 본격화된다. 대량생산에 성공하면 매출이 급등하고, 기술개선을 통해 후속제품을 출시하면 매출이 다시 퀀텀점프하는 단계를 반복한다.

각 단계별로 끊임없이 소요되는 개발비를 충당가능한지 알기 위해서는 보유현금 규모를 살펴봐야 한다. 매년 100억의 개발비가 소요되는데 보유현금이 300억 밖에 없다면, 3년안에 시제품 개발에 성공해야만 추가 투자를 유치하여 생존할 수 있다. 투자유치 실패 시 기업은 기술이나 자산을 담보로 대출을 통해 개발비를 충당할 수도 있으므로 부채규모도 체크해야 한다. 수익이 없는 상황에서 대출이자까지 지급해야 한다면 기업의 생존수명은 빨리 줄어들 수밖에 없다.

네 번째 고려사항은 경영진의 자질이다. 소규모 하이테크기업은 기술개발이나 회사운영이 체계화되어 있지 않아 경영진의 영향력이 크게 작용한다. 기업의 목적은 수익추구이지만 위대한 기업으로 성장한 기업의 창업자들은 단순히 돈을 목적으로 사업을 시작하지 않는다. 돈이 목적이었다면 평생을 써도 못 쓸 만큼 돈을 벌었으니 이미 은퇴하고 인생을 즐기며 살고 있어야 한다. 하지만, 지금도 많은 창업자가 경영에 몰두하는 것은 원대한 꿈과 사회에 대한 사명감, 그리고 이를 달성하겠다는 강한 목표의식 때문이다. 체계가 없다 보니, 실수와 실패를 피할 수 없지만 좋은 경영진은 실패의 원인을 분석하고 개선해서 도전하는 끈기를 가졌다.

확고한 목표의식을 바탕으로 쉽게 포기하지 않고 끈질기게 나아가는 것이 집념이라면, 자신의 생각만 주장하지 않고 주변사람들과 소통하며 의견을 수용하는 능력은 유연성이다. 사업을 하다보면 자신의 잘못이 아니라 경쟁회사, 규제, 시장환경 등 외부요인으로 인해 예기치 못한 상황이 발생할 때도 있다. 이 경우, 최초의 사업계획을 고집할 것이 아니라 주변상황에 맞춰 유연하게 대처해야 문제를 해결할 수 있다. 정직도 놓쳐서는 안 될 자질이다. 모든 구성원이 회사의 결정을 따르고 업무에 몰두하기 위해서는 회사의 발전이 나의 발전이라는 믿음이 있어야 하며, 이는 투명하고 정직한 경영을 통해 가능하다.

다섯 번째 고려사항은 기업가치다. 미국에는 시가총액 1천조가 넘는 기업이 약 10개 있는데, 우리나라의 연간예산 640조와 비교하면 얼마나 큰 기업인지 알 수 있다. 우량기업이라고 할 수 있는 시가총액 100조 이상인 기업은 약 100개인 반면, 10조 이상으로 낮추면 700개로 급증하고, 유니콘과 같은 1조 이상은 2,000개로서 미국 상장기업의 절반에 해당한다. 대략적으로 기술이나 시제품 개발시 1조원, 제품 출시시 5조원, 대량생산후 흑자전환시 30조원이상의 기업가치가 된다고 가정할 수 있다.

고위험고수익을 추구한다면 테스트 수준의 시제품이 출시된 1조 이상 기업에, 중위험중수익을 추구한다면 제품출시에 성공한 5조이상 기업에 투자하면 된다. 그러나, 1조미만 기업은 기술개발 여부도 불투명한 초고위험 회사이므로, 일반인의 투자대상으로 부적합하다.

지금까지 미래에 유망한 기업을 선별하는 방법을 살펴봤으나, 경험부족, 언어장벽 등으로 구체적으로 파악하는 것이 어렵게 느껴질 수도 있다. 이런 사람을 위해, 개별 기업이 아니라 산업에 투자할 수 있도록 여러 주식을 합쳐 펀드처럼 만들어 놓은 것이 있다. ETF는 반도체, 헬스케어 등 특정 산업을 주식처럼 거래할 수 있고, 펀드매니저가 기업을 추가하거나 제외하며 운용하므로 별도의 관리가 필요하지 않은 편리한 투자상품이다. 미국에는 지배구조, 친환경, 4차산업혁명 등 다양한 테마로 구성된 약 3천개의 ETF가 상장되어 있다. 그 덕분에 다양한 선택이 가능하며, 수수료도 대부분 1% 미만으로 저렴한 장점이 있다.

다만, 10개 이상의 주식이 합쳐지다 보니 투자가 분산되고 지수와의 괴리로 인해 수익이 제한되는 단점도 있다. 해외 ETF의 경우 국가별로 거래시간이 달라서 자산가치와 다른 가격으로 매매될 수도 있고, 인기가 없는 ETF는 거래가 부족하여 원하는 가격에 매매하지 못할 수도 있다. 또한, 에너지, 금속, 농산물 등의 원자재 ETF는 파생상품인 선물로서 매매하다 보니 3개월, 6개월 등으로 만기가 정해져 있어 기간을 연장할 때 추가 비용이 발생하는 점 등은 유의해야 한다.

분산투자냐, 집중투자냐
그것이 문제로다

온천을 개발하기 위해 땅에 구멍을 뚫어야 한다면, 어디에서 온천이 솟아날지 모르니 여러군데 땅을 파는 것이 나을까, 한 곳을 깊게 파는 것이 나을까? 각자의 경험, 성향 등에 따라 의견이 분분할텐데 분산투자와 집중투자 중 어떤게 좋을지도 정답이 없으며, 각자의 자금상황이나 위험선호도 등에 따라 달라진다.

분산투자는 계란을 한바구니에 담자말라는 표현처럼 위험 최소화가 목표다. 여러 종목에 투자하여 일부종목에 손실이 발생하더라도 다른 종목의 수익으로 상쇄시키는 투자방식이다. 우선, 투자자산을 분산하여 주식, 채권, 부동산, 원자재 등으로 상관관계가 낮은 상품들로 다양화하여 특정상품의 변동에 따른 영향을 줄인다. 둘째, 투자시기를 분산하여 경제의 호황과 불황, 증시의 고점과 저점 등 투자시기에 따른 변동성을 완화한다. 셋째, 투자국가를 분산하여 아시아, 유럽, 아메리카 등 대륙별로 분리하거나, 선진국·신흥국 등 경제발전 정도에 따라 국가를 다변화할 수 있다. 마지막으로 대형주, 중소형주, 가치주, 성장주 등 기업의 특성에 따라 분산할 수도 있다. 하지만, 너무 많은 종목으로 분산하다 보면 손실위험이 감소하는만큼 수익도 미미해져 투자성과가 낮아지고, 정보를 분석하고 관리하기가 힘든 단점이 있다.

반면, 집중투자는 수익 최대화가 목표로서, 성공가능성이 높은 일부종목에 집중해서 투자하는 방식이다. 자신이 지식과 경험을 보유한 전문분야의 기업을 선정하여 산업이나 기술동향을 심도있게 분석할 수 있는 장점이 있다. 그러나, 한 종목의 실패가 전체 자산의 손실에 영향을 끼치므로 높은 가격변동성으로 인해 장기투자시 심리적 불안에 처할 수 있다. 따라서, 분산투자는 자산을 지키는 것이 중요한 고액투자자가, 집중투자는 가격 변동이 크더라도 자산을 늘리려는 소액투자자가 선호하는 특성이 있다.

모든 것은 마음가짐에 달려있다

투자에 있어 가장 중요한 마음가짐은 자기판단, 자기책임이다. 하지만, 여전히 많은 사람이 뉴스를 듣고, 주위의 권유로, 전문가 방송을 보고 등 다른 사람의 추천과 판단으로 투자하여 손실을 봤다고 얘기한다. 미래를 정확히 맞출 수 있는 사람이 없다는걸 알면서도 타인의 판단에 의존해 투자하는 것은 투자손실이 발생했을 때 내탓이 아니라고 책임을 전가하기 위한 핑계가 필요하기 때문이다. 비난의 화살을 돌리면 당장은 편하겠지만, 의존하던 타인이 사라지면 스스로 투자를 결정하지 못해 불안해진다.

반면, 자신이 충분히 분석하여 투자를 결정했다면 자신의 판단에 믿음이 있기에 불안하지 않다. 시장이 하락하더라도 기업의 본질가치가 변하지 않았다면 손실이 늘어나더라도 책임감을 갖고 기다릴 수 있다.

둘째, 남과 비교하지 말아야 한다. 똑같이 수영을 배우기 시작하더라도 운동신경이 좋거나 습득능력이 빠른 사람은 진도가 앞서가는 경우가 많다. 남을 시기하거나 자신의 실력을 한탄하면 짜증이 나며 흥미를 잃기 쉽다. 단기간에 수익률을 겨루는 것이라면 테마주, 주도주 등 현재 유행하는 주식에 투자를 할 수도 있다. 하지만, 십 년 후 주식에 투자하며 남들과 비교하기 시작하면 시장의 흐름에 끌려다니게 되고, 중심을 잃고 주체적인 투자 결정을 못하게 된다. 당장의 수익을 부러워하거나 남들과 경쟁하는 대신 자신이 투자한 기업이 정해진 목표를 향해 나아가고 있는지를 점검하는게 중요하다.

셋째, 장기적으로 긍정적인 관점을 갖는 것이다. 인생은 가까이서 보면 비극이지만 멀리서 보면 희극이라고 하듯이 투자도 그렇다. 지금 안 사면 더 오를 것만 같아 매수하면 다음날부터 계속 떨어지고, 팔고나면 그때부터 오르는 등 주가가 변화무쌍한 것 같다. 하지만 일년, 십년으로 기간을 늘리면 매일 급변하는 그래프가 완만하게 상승하는 곡선으로 변한다.

성과에 상관없이 공평하게 분배하여 모든 사람이 적당히 하려는 사회주의와 달리, 자본주의의 이기심과 욕심은 빈부격차, 사회적 불평등을 일으키는 원인이다. 하지만, 자신이 노력한만큼 성과를 얻을 수 있게 만들어서 경제가 끊임없이 발전하게 만드는 원동력이기도 하다.

닷컴버블, 글로벌 금융위기, 코로나 등 모든 것을 붕괴시킬 것만 같던 위기의 순간들도 장기적 관점에서는 성장통처럼 시간이 지나면 극복되는 사건이다. 경제와 기술의 발전으로 나스닥이 5,000을 돌파하기까지 33년이 걸렸으나, 10,000은 5년, 15,000은 1년밖에 걸리지 않았다. 십 년 후 미래가 지금보다 더 발전해 있을거라 생각한다면, 매일의 변동에 두려워하지 말고 장기적 관점에서 느긋하게 지켜보는 자세가 필요하다.

마지막으로 감정 조절이다. 정신과 교수가 작성한 암환자 심리 5단계는 투자손실에도 그대로 적용 가능하다. 1단계는 부정으로서 이렇게 좋은 주식이 왜 하락했는지 받아들일 수가 없으며 주가가 곧 회복할걸로 생각한다. 2단계는 분노로서 왜 하필 내가 갖고 있는 주식이 하락했는지 화가나서 견딜 수 없다. 3단계 타협은 손실을 인정하고 받아들이는 단계로서 좋게만 봤던 회사가 알고봤더니 핵심기술자들이 퇴사하고, 제품의 경쟁력도 잃어가는 중임을 깨닫게 되면, 원금회복은 아니더라도 손실이 축소되면 매도하기로 마음먹게 된다. 4단계는 우울로서 손실이 더 확대되면서 상실감과 무력감을 느낀다. 마지막 5단계는 수용으로서 더 이상의 분노, 우울 없이 오히려 마음이 차분해지면서 현재 상황을 있는 그대로 받아들이게 된다. 각 단계들을 빠르게 겪으며 최종단계에서 마음의 평화를 얻는 사람이 있는가 하면, 어떤 이들은 분노나 우울의 단계에서 빠져나오지 못하고 일상생활마저 피폐해지는 일도 있다.

'걱정해서 걱정이 없어진다면 걱정이 없겠네.'는 걱정의 부질 없음을 나타내는 티베트 속담이다. 우리의 걱정 중 40%는 절대 일어나지 않고, 30%는 이미 발생했으며, 25%는 사소한 고민이라서, 진짜 걱정거리는 5%에 불과하다. 걱정이나 부정적 감정을 사물로 취급하여 버림으로써 자신과 감정을 분리하거나. 산책, 명상, 운동 등을 통해 나쁜 감정을 끊어내도록 연습해야 한다. 자기 판단 자기책임으로 장기투자를 결정했더라도 매일이 분노의 가시밭길이라면 투자손실을 극복하고 수익이 날 때까지 버틸 수는 없기 때문이다.

주위 사람이 스승이다

혁신적 디자인과 성능으로 인기를 끌고 있는 아이폰, 아이패드는 어느날 갑자기 만들어진 것이 아니다. 80년대의 매킨토시 컴퓨터에서부터 진화되어 온 것이고, 매킨토시는 아이러니하게도 제록스에서 영감을 받았다. 복사기 시장을 독점하던 제록스는 개인용 컴퓨터를 개발하면서 지금의 마우스 등도 함께 개발했으나 시장성이 없다고 판단하여 컴퓨터 개발을 중단했다. 하지만, 제록스를 방문한 스티브 잡스는 마우스와 컴퓨터를 보고 주위의 다양한 조언을 참조하여 매킨토시를 개발했다.

자기판단 자기책임의 투자원칙은 독불장군처럼 자신만이 옳다는 것이 아니다. 주위의 다양한 정보와 의견을 수집하되 최종 판단은 자신이 하라는 뜻이다. 세상은 모든 일을 혼자서 해결할 수는 없으며, 주위 사람의 도움을 받는 것이 시간낭비와 시행착오를 줄이는데 도움이 된다. 영화 캐스트 어웨이에서 택배회사 직원인 톰 행크스는 비행기 추락으로 무인도에 혼자 살아남게 되자, 배구공에 얼굴을 그려 윌슨이라 부르며 무인도 생활에 적응해나간다. 수년간의 무인도 생활을 벗어나 결국 뗏목을 만들어 무인도를 탈출하여 구조된다. 불안과 좌절 속에서도 그가 버틸 수 있었던 것은 윌슨 덕분이었듯이, 십년이라는 긴 시간을 버티기 위해서는 주위 사람의 도움이 필요하다.

우선, 자신보다 지식이나 경험이 많은 멘토를 찾아서, 노하우를 배우고 코칭을 받아야 한다. 오디세우스는 트로이 전쟁에 참전하며 아들의 교육을 친구인 멘토르에게 맡겼다. 전쟁에서 돌아와보니 친구, 교육자, 상담자로서 아들을 훌륭하게 키워낸 것을 발견한 후, 멘토는 인생을 이끌어주는 스승의 의미로 쓰이게 되었다.

주변에 투자로 성공한 사람이 없다고 해서 실망할 필요는 없다. 멘토는 TV에 나오는 유명인이어도 되고, 동시대인이 아니라 과거에 살았던 유명투자자도 될 수 있다. 성장주, 배당주, 지수 ETF 등 다양한 투자상품과 전략으로 시대를 풍미했던 투자자를 롤모델로 정해보자. 시장이 호황일 때 수익을 극대화하고 불황일 때 어떻게 참고 견뎌냈는지를 살펴본다면, 그들의 지혜를 배울 수 있을 것이다.

다음으로, 자신의 철학을 이해하고 투자 아이디어를 확장해 줄 수 있는 지지자도 곁에 두어야한다. 신생기업이 십 년 후 빅테크로 성장할 것이라는 희망을 갖고 투자에 나서는 것은 깜깜한 밤길을 걷는 것만큼 어둡고 막막하다. 하지만, 다양한 사람이 모여 기술, 재무, 규제 등 다양한 측면에서 기업을 분석하고 아이디어를 연결하면 미래의 막연한 추정과 전망이 구체화될 수도 있다. 다만, 근거없이 주가가 오를거라고 선동하거나, 잘못된 정보로 헛된 희망을 불어넣는 지지자는 걸러내어야 한다.

마지막으로 반대자도 필요하다. 악마의 변호인을 뜻하는 데블스 애드버킷은 천주교에서 성인으로 추천된 사람을 검증하는 과정에서 유래했다. 작은 허물이라도 찾아내어 악마처럼 엄격하게 평가하였는데, 현재는 일부러 반대론을 펼치는 사람을 뜻하게 되었다.

사람들은 반대론자를 사사건건 트집을 잡는 거로 치부하며 곁에 두기를 꺼리나, 비판을 수용할 수 있는 열린 마음과 관용이 없는 것은 아닌지 자신을 돌아볼 필요가 있다. 반대론자는 비판적 관점에서 불평을 늘어놓는 귀찮은 존재가 아니라, 자신이 보지 못한 분야를 발견하고 생각지 못한 위험에 대비하게 만드는 존재다. 좋은 약은 몸에 쓰듯이 반대론자의 날이 선 비판이 귀에는 거슬릴지라도, 자신의 투자 약점을 깨닫고 보완할 수 있다면 그들도 훌륭한 조언자다.

공자는 길을 걷는 사람 중에 반드시 스승이 있는데 현명한 사람을 보면 그처럼 될 것을 생각하라고 했다. 현명하지 못한 사람을 보면 자신을 돌아보며, 착한 사람을 보면 그 행동을 따르고 악한 사람을 보면 자신의 허물을 바로 잡을 수 있다. 누구를 만나든 좋은 점은 배우고, 나쁜 점은 자신을 돌아보는 반면교사로 삼자.

현실을 딛고 서서
미래를 보는 합리적 낙관주의

미해군 장군인 제임스 스톡데일은 베트남전쟁에 참전하여 포로수용소에 갇혔다가, 8년만에 기적적으로 살아서 풀려났다. 그와 같이 갇혀있던 동료중 여기서 죽게 될거라고 절망과 공포에 빠졌던 사람은 신체적, 정신적으로 급격히 약해지며 먼저 사망했다. 올해에 구조대가 올거야, 내년에 전쟁이 종식될거야라고 막연한 기대를 가졌던 사람도 시간이 지나도 변하지 않는 현실과 마주하며 기대가 실망으로 바뀌자 사망했다.

하지만, 그는 열악한 환경과 동료의 죽음에도 불구하고 현실을 있는 그대로 직시하여 끝까지 살아남을 수 있었다. 그는 불편하고 고통스러운 현실을 받아들이고, 살아남기 위해 식사를 하고 건강을 관리했다. 비참한 현실 속에서도 막연한 기대가 아니라 오랜 시간이 걸리더라도 언젠가는 고국의 집으로 돌아갈 것이라는 희망의 끈은 놓지 않았다. 반드시 가족을 다시 만날거라는 미래에 대한 희망이, 오늘을 살아서 버텨내는 집념을 갖게 만들었다.

주식시장에 참여하는 사람은 낙관주의자이다. 현재보다 미래에 기업이 성장할 것이라 믿고, 투자를 통해 수익을 낼 수 있다는 기대가 없다면 투자 대신 오늘 소비를 하는 것이 낫기 때문이다. 낙관주의는 불안, 우울 같은 부정적 감정 대신 행복, 즐거움과 같은 긍정적 에너지를 불어넣는 장점이 있지만, 다 잘 될거야라는 근거없는 희망에 빠지게 되면 큰 손실을 볼 위험도 있다.

그렇다고 해서 일어나지 않은 일까지 걱정하며 불안, 초조에 사로잡힌 비관주의자가 되라는 말은 아니다. 비관주의자는 일을 시도하기도 전에 실패할 것이라고 추정하며 소극적으로 대처하고, 부정적인 감정을 주위에 전파하여 모두를 무기력한 패배자로 만든다.

투자에 가장 적합한 감정상태는 합리적 낙관주의를 갖는 것이다. 합리적 낙관주의자는 모든 것이 저절로 잘 될거라고 믿지 않는다. 현실은 꽃길이 아닌 울퉁불퉁한 비포장도로와 같아서 때로는 충격에 부딪히고, 때로는 구덩이에 빠질 수도 있다는 것을 안다. 그래서 위기가 닥치더라도 좌절하지 않고, 상처를 입어도 견뎌낸다. 그 덕분에 한발씩 헤쳐나갈 수 있으며, 희망을 잃지 않고 그렇게 나아가다 보면 어느덧 길의 끝에 도달할 수 있는 것이다.

1년 2년 3년 4년 5년

4부

인내 : 시장의 개화를 기다리며

새클턴 탐험대는 남극의 혹독한 날씨와 굶주림 속에 2년간 표류하면서도
생존에 대한 믿음과 희망을 잃지 않았기에 남극점에 도달은 못했지만,
전원이 무사히 복귀하며 영광과 명예를 얻었다.

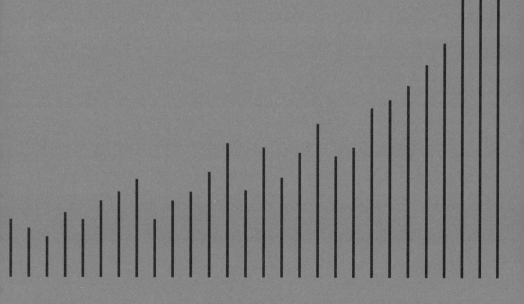

1장

。

기업 변수

통찰로 좋은 기업을 선별하고 용기로 불확실한 시장상황에서도 과감하게 투자하였다면, 이젠 기업이 성장할 때까지 참고 기다리는 인내가 남았다. 10루타라는 뜻의 텐배거는 미국의 전설적 펀드매니저인 피터린치가 10배의 수익이 발생하는 주식으로 언급하였는데, 아마존, 테슬라, 엔비디아 등 주가 폭등 사례는 쉽게 찾을 수 있다.

이들이 급성장할 수 있었던 것은 독보적인 기술력, 높은 시장수요, 매출 및 이익의 지속 성장 등 여러 요인이 있을테지만, 가장 중요한 것이 산업 패러다임의 변화다. 아마존은 온라인 쇼핑의 확산, 테슬라는 친환경 자동차, 엔비디아는 인공지능 시대가 도래하면서 비약적인 발전을 이룰 수 있었다.

십 년 후 미래에는 위성통신 증가에 따른 로켓, 에어택시 확산에 따른 도심항공, 고령화 질병 치료를 위한 헬스케어, 인공지능이 탑재되어 노동을 대체할 로봇, 전자기기가 일상화되며 전력생산 확대를 위한 미래에너지에서 혁신적 변화가 예상된다. 하지만, 유망산업의 기업에 투자했다고 해서 시간이 흐르면 기업가치가 저절로 상승하는 것은 아니다. 기업 자체의 문제나 시장상황의 변화로 인해 대부분의 기업은 쇠락하고, 끝까지 살아남은 기업이 몰락한 기업의 자양분으로 성장하는데, 우선 기업변수부터 살펴보자.

상용화 문턱을 넘어

기술연구, 시제품 개발을 거쳐 제품을 출시하게 되면 시장에 성공적으로 안착하는 것이 중요하다. 이 단계에서 높은 시장수요가 확인되어야 대량생산이 가능해지면서 안정적인 수익창출이 가능해지기 때문이다. 하지만, 많은 기업이 상용화의 벽을 넘지 못하는데, 이는 제품의 결함이나 혁신적 기술이 부족해서가 아니다. 고객에게 기꺼이 돈을 주고 구입할만한 만족감을 선사하지 못했기 때문이다.

　페어테라퓨틱스는 세계 최초로 약물중독 치료앱 허가와 불면증 치료앱 허가를 잇달아 받으면서 디지털 치료기기의 개척자로 등장하였다. 의약품 투입이 없어 체내 화학반응에 따른 독성이나 부작용이 없고, 의료비 부담이 적다. 알코올, 흡연 등 다양한 중독질병과 정신건강 질환 등으로 활용범위가 넓은 장점으로 인해 주요기관으로부터 수천억원을 투자받았다.

하지만, 소프트웨어인 앱으로 사람을 치료한다는 신기술에 대한 생소함과 어색함 등으로 의사는 처방을 꺼렸다. 환자는 사용법을 몰라 효용이 떨어졌으며, 보험사도 보험대상 적용에 소극적으로 나서면서 혁신적인 제품개발에도 불구하고 상용화 실패로 파산하게 되었다. 엄청난 관심을 불러일으킨 신기술이 막상 제품으로 출시되면 수요가 없어 쇠락했다가, 다시 개선된 제품이 출시되면서 시장이 급성장하기도 한다. 만약, 디지털 치료기 사용법 교육, 제품효과 입소문 등이 확산된 후 출시했더라면 어땠을까 하는 아쉬움이 남는다.

생명체의 유전 정보가 저장되어 있는 DNA는 두 개의 선이 엮여 있는 나선형태라서, 한쪽이 손상되면 다른쪽의 나선이 역할을 보완하면서 안정성을 유지할 수 있다. 이러한 특성을 활용하여 생물의 발달, 성장, 질병 등에 영향을 미치기 위한 DNA조작은 생물학계의 중요한 연구과제였다. 그동안은 결함 유전자를 잘라내어 정상 유전자로 편집하는 유전자 가위 기술은 복잡한 제작방식과 막대한 비용이 걸림돌로 작용했다.

그러나 DNA 한쪽선만 잘라내고 DNA를 접합하여 유전자 변형 등의 부작용을 막는 기술이 개발되고, 조작기술의 정밀성도 향상되면서 돌파구를 찾았다. 그 덕분에 유전자 가위가 등장한지

십여년만인 2023년 적혈구 질병 관련 세계 최초의 유전자 치료제가 출시되었고, 수십개의 유전자 치료제가 승인을 앞두고 있다.

상용화를 가로막던 기술적 한계가 극복되었다고 해서 모든 제품이 성공하는 것은 아니다. 구글의 스마트글래스는 모니터와 카메라가 결합된 안경으로 영상촬영이 가능하며, 구글맵과 연계한 데이터도 표시하는 혁신적 제품이었다. 하지만, 왜 하루종일 착용해야 하는지에 대한 실용적인 사용법 제시에 실패했다.

선글라스는 햇빛 차단 기능뿐 아니라 그 자체로 패션 악세사리가 될 수 있다. 반면, 스마트글래스는 외적 미관도 대중의 흥미를 끌지 못했고, 상대방 동의없이 촬영하고 있을지도 모른다는 불안감을 유발했다. 이로 인해 스마트글래스 착용자를 불편한 시선으로 바라보게 만들면서 사용자가 위축되었고, 2백만원에 달하는 비싼 가격도 정당화될 수 없었다. 이후 출시된 경쟁사 애플의 스마트워치처럼 건강과 운동이라는 새로운 분야에 초점을 맞췄거나, 착용만으로도 매력을 어필할 수 있는 패션용품으로서 접근했다면 결과가 달랐을지도 모른다.

차별화된 경쟁력 확보

경쟁력 상실로 기업가치가 훼손되면 다시 회복하기 어려운데, 코로나 위기를 거치면서 공유플랫폼인 위워크와 에어비앤비의 생사가 나뉜 것이 이를 잘 보여준다. 위워크는 처음 등장했을 때 사무기기를 구입할 필요가 없어 경제적 부담도 적고, 임대기간이 자유로우며 월세만으로 도심 멋진 건물에 나만의 사무실을 가질 수 있다는 점을 홍보하며 많은 고객을 끌어모았다. 하지만, 다른 공유오피스 사업자가 등장하고 건물주도 직접 단기임대에 뛰어들면서 경쟁이 심화되고 코로나로 인한 공실이 확대되면서 쇠락하게 되었다. 공유오피스 사업을 먼저 시작했다고 하더라도 누구나 모방할 수 있을 만큼 진입장벽이 낮고 차별화된 경쟁력이 없었기 때문이다. 고객당 매출을 증가시키기 위해 월세를 올리면

공실이 늘어나고, 신규 고객 유치를 위해 지점을 확대하면 빌딩 임차료가 증가하여 위기를 타개할 뾰족한 방법이 없었다.

반면, 에어비앤비는 코로나 이후 기존 매출의 상당 부분을 회복하는 데 성공했다. 위워크와 달리 숙소를 소유할 필요없이 임대인과 임차인을 연결하므로 고정비용이 적다는 장점도 있지만, 다른 숙소임대회사와는 다른 차별화된 경쟁력 덕분이다. 우선, 도심에서 산속까지, 고성에서부터 오두막까지 모든 장소와 모든 유형의 숙박시설을 보유하여 고객의 다양한 취향을 만족시킬 수 있다. 또한 다른 경쟁사들이 숙박, 렌트카, 공연 등의 서비스를 중개하는 데 반해, 에어비앤비는 여행객이 아닌 현지인처럼 사는 데 초점을 맞췄다. 미술, 음악, 동물 등 다양한 체험활동으로 고객 만족도를 높이며, 경쟁력을 지속적으로 강화해 왔다.

침실, 욕실, 주방 등 생활용품점인 베드베스비욘드의 파산도 차별화된 경쟁력 부재로 고객이 이탈했기 때문이다. 사람들이 매장에서 물건을 확인 후 구매는 인터넷 최저가로 하는 구매습관의 변화도 영향이 있었지만, 차별화된 서비스가 아닌 대규모 쿠폰 배포가 부작용을 일으켰다. 쿠폰 발급 초기에는 회사의 의도대로 고객들이 필요치 않은 물건들도 구매하면서 매출이 증가하자, 쿠폰 발행량을 더욱 늘리고 사용기간, 수량제한을 없앴다. 그러나 이러한 쿠폰 남발은 정상가격에 물건을 사면 손해라는 인식을 심어줬고, 결국 매출 감소로 인해 파산에 이르렀다.

반면, 인터넷 쇼핑시대에도 불구하고 이케아는 전세계에서 매장을 확대중이다. 온라인에는 이케아 외에 저가상품이 많은데도 불구하고 이케아 매장방문 고객이 증가하는 것은 가성비 외에 다른 경쟁력이 있기 때문이다. 이케아 매장은 여타의 다른 가구 매장과 달리 침대, 서랍장 등을 품목별로 모아놓지 않는다. 실제 방이나 거실처럼 테마가 있는 쇼룸을 만들어 가구들간의 조화로운 배치를 보여줘서 구경하는 재미를 선사한다. 또한 가구 프레임에 선반이나 다리를 선택할 수 있어 자신만의 가구를 만들 수 있다. 식당과 카페를 배치하여 쇼핑만이 아니라 식음료도 즐길 수 있는 복합 공간을 제공한 것도 성공요인으로 작용했다.

에어비앤비와 이케아의 성공에는 공통점이 있는데, 고객과 공감대를 형성했다는 점이다. 온라인화 디지털화의 물결 속에서도 고객을 만족시키는 경험을 제공하면 친밀한 관계를 형성할 수 있다. 따라서, 과거처럼 남을 모방한 빠르고 저렴한 서비스는 이제는 유효하지 않으며, 차별화된 경쟁력을 보유한 회사만이 살아남는다는 사실을 잊지 말자.

1+1=1이 될 수도,
3이 될 수도 있는 합병

루이비통, 디올, 태그호이어, 돔페리뇽… 이들의 공통점은 루이비통 모에헤네시LVMH 그룹에 소속된 브랜드다. LVMH는 M&A를 통해 기업가치를 지속적으로 늘려 세계 최대의 명품제국이 되었다. 경영난에 빠진 디올을 인수하여 구조조정에 성공한 후, 루이비통과 모에헤네시를 합병했다. 그 후 태그호이어, 불가리 등을 인수하며 패션을 넘어 화장품, 주류, 시계 등으로 품목을 확장했다.

수십개의 다양한 브랜드의 성공에는 장인 손끝에서 제작되는 신뢰할 수 있는 고품질이라는 특징도 있다. 그러나, 소비자의 과시욕구와 럭셔리 브랜드 이미지를 절묘하게 결합한 마케팅 전략의 공이 더 크다. 중국 등 신흥부자가 많은 국가를 중심으로 화려한 매장 인테리어를 통해 명품을 구매하는 것이 부와 성공의 표시로 인식하게 만들었다. 또한 베르사유 궁전 복원이나 루브르 박물관 작품 기증, 미술 전시회 등을 통해 문화와 예술을 중시하는 기업이미지도 구축했다. 제품의 기능만으로는 납득할 수 없는 가격임에도 불구하고, 꿈, 럭셔리라는 이미지를 부여하여 소비자의 마음을 사로잡을 수 있었다.

하지만, 합병이 기업가치를 폭락시키는 재앙이 되기도 하는데, 가장 대표적인 것이 승자의 저주라 불리는 비싼 인수가격이다. 인수가격은 기업가치에 경영권 프리미엄이 더해져 애초부터 비쌀 수밖에 없는 구조다. 그런데, 합병 기업 간 시너지 효과를 통해 더 큰 수익을 창출할 수 있다는 기대로 이를 정당화한다. 예를 들어 원재료부터 제품까지 이어지는 수직적 통합을 통해 재료조달 비용을 줄이거나, 정장패션과 스포츠의류의 수평적 통합을 통해 판매시장과 대상 고객을 넓혀 매출을 증가시키는 것이다. 하지만, 이러한 프리미엄은 정확한 실체가 없어 산출 근거나 논리가 빈약한 경우가 많다. 합병 시너지 효과가 없는 것으로 판단될 경우 장기간에 걸쳐 상각하므로 수년간 재무상황에 악영향을 끼치게 되니 주의해야 한다.

둘째 인수기업에 대한 정보 부족도 합병을 망치는 요인이다. 판매자와 구매자 간 정보가 비대칭적이라서 우량품은 없고 불량품만 남아있는 중고차 시장을 떠올리면 된다. 판매자는 교통사고나 침수가 발생했는지 얼마나 거칠게 운전했는지를 알고 있으나,

구매자는 자동차의 외관이나 운행거리만을 바탕으로 가격을 추정해야 한다.

기업합병도 마찬가지로 거래처와의 관계가 우호적인지, 제품 생산에 있어 문제점은 없는지 등을 모른채 장부상의 숫자로만 기업을 평가할 수밖에 없다. 알짜기업이라면 남이 아닌 가까운 지인들에게 매각했을텐데 매물로 나왔다는 것 자체가 부실이 숨겨졌다는 증거일지도 모른다.

셋째, 기업가치 증대보다 각자의 이익을 우선시하는 것도 합병을 망치는 요인이다. 경영진은 자신의 업적을 위해, 투자은행은 성공 보수를 위해 무리해서라도 합병을 성사시키려 한다. 컴퓨터 장비를 제작하는 휴렛팩커드HP는 사업다각화를 위해 IT서비스 회사인 EDS를 20조원의 거금을 들여 인수했으나 사업실적이 지지부진하자 대부분 상각처리했다. 그 후 휴대폰 제조회사인 팜을 인수하였으나 몇 년 후 사업을 중단했다. 연이은 실패에도 불구하고, 자사와 유사한 컴퓨터 제작회사인 컴팩을 30조에 합병했다. IBM에 육박하는 규모의 경제를 실현하여 시너지 효과를 내려고 하였으나, 구체적인 전략이 없어 경영진 간의 내부갈등만 계속되었다. 또한 연구개발을 중시하는 HP와 영업을 중시하는 컴팩의 서로 다른 기업문화도 직원의 화합을 가로막는 걸림돌로 작용하여 결국 인수금액 대부분을 상각처리하며 실패로 끝이 난다.

기업은 새로운 사업에 진출하고자 할 때 합병을 선택한다. 내

부적으로 사업에 진출하기 위해 많은 시간과 노력을 들여 무에서 유를 창조하는 것보다, 빠르고 간편하게 생소한 분야에서 겪게 되는 시행착오를 생략할 수 있기 때문이다. 하지만, 사랑으로 이뤄진 결혼도 한명의 감정을 맞추지 못해 불행한 결과를 낳는 경우가 많다.

수만명의 이질적인 직원이 하나의 기업으로 합쳐지더라도 조화롭게 지내기까지는 많은 난관이 따를 수밖에 없다. 따라서, 투자한 회사가 힙병에 직면하게 된다면 합병이 축배가 될지, 독배가 될지를 냉정하게 분석하여 계속 보유할지를 결정해야 한다.

사기를 밝히는 공매도 리포트

테라노스는 실리콘밸리 최대의 사기극으로 투자자에게 6천억원 배상판결을 받고, 배드블러드란 책과 드롭아웃이라는 드라마로까지 제작된 유명한 기업이다. 스탠퍼드대 중퇴, 유복한 집안, 금발 미모의 젊은 여성. 실리콘밸리가 좋아할 모든 외적 요소를 가진 엘리자베스 홈스가 피한방울로 수백가지 질병을 체크하는 진단키트를 출시했을 때 대중은 열광했다. 기존의 혈액검사는 병원을 방문해 피를 뽑고 1주일을 기다려야 결과를 받는데 수십만원이 들었다. 반면, 테라노스는 본인이 바늘로 찔러 피 몇방울을 키트에 담아보내면 회사에서 분석하는데 6만원밖에 들지 않았다.

유명 기업인과 정치인들은 앞다퉈 거액을 투자했고, 연구에 전념하기 위해 검은 옷을 즐겨입는 그녀를 여자 스티브 잡스로 불렀다. 포브스, 포츈 등 유명잡지 표지모델이 되고, 각종 행사에 강연자로 참석하는 등 스타 기업인으로 유명세를 타자, 의학계를 중심으로 의문이 제기되었다. 피 몇방울로 수백가지의 질병을 진단한다는 것은 현재 의학기술로는 도저히 불가능하다는 회의론이 퍼져나갔다. 그녀는 논란이 제기될 때마다 기술은 극비사항이라 밝힐 수 없다며 즉답을 피하면서 호의적인 언론들과 인터뷰를 지속했다.

혁명이라 불리는 의학기술을 대학중퇴자가 발명했다는 것만으로도 의심할만 했을텐데, 벤처캐피탈, 금융기관 등 너무도 유명한 투자자들이 많았기에 이들을 모두 속이는 것은 불가능하다고 여겼다. 하지만 실상은 앞서 투자한 기관이 잘 검토했을 것이라 믿고 아무도 검증하지 않았으며, 투자기관의 유명세는 더 많은 투자유치에 이용되었다.

결국 내부자 폭로를 통해 모든 것이 사기임이 밝혀지고 10조를 넘던 시가총액은 하루아침에 물거품이 되었다. 학력, 집안, 외모 등 본인의 이미지를 활용하는 능력, 성공한 기업가에 대한 검증 없는 언론 보도, 유명인들과 관계를 맺고 보려는 묻지마 투자가 빚어낸 희대의 사기극은 많은 피해자를 남긴 채 끝났다.

수소트럭을 개발하는 니콜라 역시 한화, GM 등 주요기업들로부터 많은 투자를 유치하고 사업협력을 맺으면서, 제품을 출시하지도 않았지만 기업가치는 이미 포드를 넘어섰다. 그러나 기술과 제품개발 능력에 의문을 제기하는 공매도 리포트가 발간되었다. 수소트럭은 외관 모습만 갖춘 모형에 불과하며 주행하는 것처럼 보이기 위해 내리막길에서 차를 밀었다는 사실이 밝혀졌다. 대표이사가 과거에도 유사한 창업사기를 벌였던 경력도 밝혀졌다. 수소트럭도 법원에서 투자사기로 인정되어 2천억의 벌금을 지불한 후, 기업들과의 투자와 사업협력이 파기되고 주가도 1달러 수준으로 폭락하여 상장폐지 위기에 놓이게 된다. 하지만, 유상증자를 통해 자금을 조달하여 개발을 지속한 결과 수소트럭 출시에 성공하였다. 이에. 개발 능력이 없는 것인지, 단지 개발 일정이 지연된 것인지에 대한 논란이 다시 불붙고 있다.

공매도는 주가 하락을 통해 수익을 추구하는 투자전략의 일환이므로 공매도 리포트가 투자회사에 유리하게 사실관계가 부풀려졌을 수도 있다. 하지만, 증빙자료, 내부직원의 증언 등에 근거해 보면 이의제기가 근거없는 모함이 아닌 경우가 많다. 따라서, 단순한 의심이 아닌 합리적인 근거를 바탕으로 문제가 제기되는 회사는 기술개발 단계에 불과하거나, 판매제품이 없어 회사에 대한 신뢰성이 낮은 경우가 많다. 그러므로, 공매도 리포트를 기술이나 제품 사기 가능성을 알려주는 신호로 활용할 필요가 있다.

영원히 숨길 수는 없는
회계 조작

주사위 던지기를 하면 1부터 6까지 각 숫자가 나오는 확률은 동일하다. 하지만, 예금이자 등 우리가 일상에서 마주하는 다양한 숫자데이터에서는 첫째 자릿수에 1부터 9가 나올 확률이 모두 다르다. 물리학자인 프랭크 벤포드는 일상의 다양한 숫자데이터를 분석해 로그지수를 사용하여 계산하였다. 그 결과, 첫째 자리가 1이 될 확률이 30%, 2가 될 확률이 18%, 9가 될 확률이 5%로 숫자가 커질수록 출현가능성이 낮다는 벤포드 법칙을 발견했다. 이런 현상이 생기는 이유는 숫자데이터 중에 일정한 배율로 증가하는 것이 많기 때문이다. 1억을 5% 이자로 예금할 때 1억씩 증가하는 기간을 계산해보면 1억에서 2억이 될 때는 100% 증가로 14년이 걸린다. 반면, 2억에서 3억이 될 때는 50% 증가로 8년밖에 걸리지 않아서, 1에서 가장 오래 머물게 되므로 첫째자리가 1일 확률이 높은 것이다.

2000년대 가장 혁신적인 기업과 성장성이 가장 높은 기업에 모두 선정되며 100조 이상 매출을 올리던 엔론은 갑자기 수천억의 적자를 공시하며 주가가 폭락했다. 회계장부에서 첫째자리 숫자에 7, 8, 9 등이 많이 등장하는 것을 수상히 여겨 조사한 결과 분식회계를 밝혀냈다. 분식회계는 매출계약을 허위로 작성하고 제품을 판매하지 않는 가공매출, 본사와 대리점의 자산을 이중으로 처리하는 중복계상 등 다양한 방식으로 자행된다.

엔론은 천연가스, 석탄 등 에너지를 금융상품화하여 거래하면서 이익만 계산하고 손실을 숨기는 수법을 사용했다. 그 후 손실이 확대되자 별도의 회사를 설립하여 부실내역을 모두 떠넘기고 엔론은 우량회사인 것처럼 포장했다. 그러나, 현금이 지속적으로 부족한 상황에서 이제는 대출이 불가능해지자 분식회계가 드러나며 파산했다. 범죄를 주도한 대표이사 등은 징역 24년을, 회계법인은 영업제재를 받게 된다.

유선통신 서비스를 제공하던 월드컴도 수십개의 회사를 인수하면서 10조원에 불과하던 매출이 50조원으로 급성장하며 미국의 통신망을 장악해나갔다. 지속적인 합병으로 현금이 고갈되자 다른 회사와 통신망을 상호 임대하는 것을 매매로 둔갑시켰다. 매출과 이익이 발생한 것처럼 꾸미고, 회사채 발행 등을 통해 자금을 끌어모았다. 하지만, 꼬리가 길면 잡히는 법이라 유동성 부족이 지속되자 내부직원의 폭로가 나왔다. 조사결과 분식회계 규모는 5조에 달하고, 5천억이 넘는 대표이사의 횡령이 밝혀졌다.

연이은 조작사건으로 미국 회계기준에 대한 신뢰가 저하되면서, 재부정보 공시를 강화하고 투자자 보호를 위해 회계 오류 시 경영진을 처벌하도록 하는 방안이 추진되었다. 법안을 발의한 의원의 이름을 따서 사베인-옥슬리법이 제정된 후, 우리나라도 국제회계기준을 도입하는 계기가 되었다.

남의 돈으로 호의호식하는 방만 경영

2008년 전세계를 금융위기로 몰아넣은 시발점은 미국 투자은행 리만브라더스의 파산으로서 산업은행이 해외 네트워크 확장을 위해 인수를 시도하다가 막판에 협상이 결렬되었다. 파산시 부채가 당시 우리나라의 연간 예산의 2배가 넘는 800조원으로 밝혀지면서, 만약 인수했더라면 제2의 IMF사태를 맞을 수도 있었다. 미국 4대 투자은행이 순식간에 파산한 것도 놀라웠지만, 파산원인을 조사하던 청문회에서 방만한 경영이 밝혀지면서 많은 사람이 충격에 빠졌다. 호화 전용기 등에 무분별하게 경비를 사용하고, 파산 신청 며칠전 임원에게 수백억의 보너스를 지급했다.

보험회사 AIG도 100조원이 넘는 긴급 구제금융을 통해 파산을 모면한 직후 호화리조트에서 골프와 행사를 즐긴 것으로 드러났다. 투자자의 자금이나 국민의 세금에서 나온 구제금융을 받는 회사가 윤리적, 법적인 책임없이 예산을 낭비하는 것으로 나타나면서, 경영 투명성을 높이고, 경영진의 도덕적 해이를 방지하기 위한 규제가 강화되었다.

MIT 졸업, 부모는 스탠퍼드대 로스쿨 교수, 젊은 백인 남성, 자체 발행한 코인을 기반으로 안전한 암호화폐거래 메커니즘을 만든 개발자. 어디서 많이 들어본 듯한 데자뷰가 느껴지지 않는가? 명문내, 유복한 집안, 젊은 백인, 획기적인 제품 개발. 피 몇 방울로 수백가지 병을 체크하는 진단키트로 실리콘밸리 최대 사기로 기록된 테라노사와 너무 흡사하다. 세계 3위의 암호화폐거래소 FTX도 고객자금 횡령이 드러나며 60조가 넘는 부채를 남기고 파산했다.

리만브라더스 사태 이후 경영진의 도덕적 해이 규제가 강화되었음에도, FTX 파산과정에서 밝혀진 방만경영 실태는 상상을 초월했다. 장부에 기록된 회사자산 대부분이 현금 등 금융자산이 아닌 자사가 발행한 코인으로 채워져 있어 실제 가치를 알 수 없고, 수천억의 가상자산이 회사계좌에서 사라지는 등 재무관리가 전혀 되지 않았다. 허술한 회계를 틈타 경영진은 회사돈을 개인돈처럼 사용했는데, 5조원이 넘는 돈이 경영진에게 대출되고, 회사 자금으로 400억짜리 바하마의 펜트하우스를 구매하여 거주했다. 마이애미 농구장 이름을 짓는 작명권, 스포츠스타 광고비,

정치인 후원 등에 수백억을 물 쓰듯이 지출했다.

그 과정에서 비용을 통제하거나, 외부기관으로부터 제대로 된 감사를 받지 않아 불법으로 탕진된 수십조는 고스란히 투자자의 피해로 돌아오게 되었다. 역사적으로 호화로운 왕궁과 사원건립에 몰두했던 국가들은 재정이 파탄나고 시민들의 반란으로 몰락했다. 방만한 기업의 최후 또한 이와 다르지 않으므로 투자시 주의해야 한다.

빚잔치로 끝나는
무리한 사업 확장

설립 100년이 넘은 렌터카회사 허츠가 2020년 파산을 신청했다. 코로나로 여행, 사업출장 등이 급감하며 렌터카 수요는 사라졌는데, 자동차 구매 대출금은 계속 지급하다보니 현금은 1조원에 불과한데 부채는 20조원이 넘어 더 이상 갚을 수 없는 상태에 도달한 것이다. 보유중이던 수만대의 렌터카를 중고차 매물로 내놓았으나, 차량가격이 폭락하여 제값에 팔 수도 없었다. 세계 150개 국가에서 사업을 하던 세계 2위의 렌터카 회사도 코로나 피해를 이겨내기에는 역부족이었나 보다.

　잠깐! 코로나로 출장과 여행이 올스톱되어 직격탄을 맞은 곳은 호텔, 항공사, 크루즈사도 마찬가지인데, 이들 회사가 파산했다는 소식이 없는걸 보면 뭔가 석연찮다. 허츠의 소유주를 살펴보니 익숙한 이름이 눈에 띈다. 칼 아이칸. 일반적인 M&A는 투자자금을 모아 기업을 인수하여 경영하는 데 반해, 기업사냥꾼인 그는 주식을 대량으로 매집 후, 경영진에게 실적개선, 배당확대 등을 요구한다. 만약 자신의 뜻이 관철되지 않으면 경영진을 교체하여 단기간에 수익을 챙긴 후 지분을 팔아버리는걸로 유명하다. 스티브잡스가 사망하며 경영공백이 우려되는 애플을 공격하고, 이베이와 페이팔을 분사시켰다. KT&G에는 담배와 인삼사업 분리와 기업지배구조 개선을 요구하다 주가가 급등하자 1년도 안되어 주식을 전부 팔아치우며 먹튀 논란을 일으킨 이력도 있다.

허츠도 예외가 아니었다. 허츠의 최대주주인 사모펀드는 렌터카 사업보다 자동차 리스사업으로 무리하게 사업을 확장했다. 자회사 명의로 자동차를 구매한 후 이를 담보로 다시 차를 구매하여 법인에게 차를 빌려주었다. 이 과정에서 부채가 눈덩이처럼 불어났는데, 칼 아이칸은 이를 개선하기보다 단기수익에 치중했다.

파산신청시 허츠의 부채는 5조원이었으나, 자회사의 부채는 3배 이상 많은 15조원 수준에 달해, 코로나가 아니어도 파산은 시간문제였던 것이다. 빚으로 흥한자는 빚으로 망할 수밖에 없기에 경기침체 시에는 부채비율이 높은 기업을 주의할 필요가 있다.

누가 대표이사가 될 상인가, 경영진 교체

백세는 여전히 장수의 상징으로 백세까지 사는 사람은 건강관리를 꾸준히 한 덕분이듯, 기업이 백년을 살아남았다는 것은 산업과 경제환경의 변화에 잘 대처해온 경영진의 노력 덕분이다. C-suite는 직책이 C로 시작하는 고위 경영진을 뜻하는데, 기업이 세분화, 전문화되면서

대표이사인 CEO, 재무책임자 CFO, 운영책임자 COO, 기술책임자 CTO 등으로 다양해졌다.

전세계 어린이들의 사랑을 받는 미키마우스를 만든 디즈니의 백년 역사 중 가장 위대한 CEO인 밥 아이거는 유명대학을 나오지 않았다. 촬영보조에서 근무를 시작했지만, 해고가 자유로운 미국에서 15년동안 대표이사를 역임했다. 그전까지 만화와 놀이

동산이 주요 사업이었으나, 픽사, 마블, 루카스필름 인수하고, 디즈니 플러스 출시를 통해 콘텐츠 회사로 변모시키며 기업가치를 지속적으로 성장시켰다.

그가 70세가 되던 해에 가족들과 더 많은 시간을 보내기 위해 은퇴하자, 놀이동산부문 책임자였던 밥 차펙이 신임 대표이사가 되었다. 예술과 창의성을 중시하던 전임 사장과 달리, 차펙은 재무제표 중심의 경영방침을 세웠다. 디즈니랜드 놀이기구 예약을 유료화하는 것은 물론 입장료, 음식 등의 가격도 일괄 인상했다. 영화제작 비용을 축소하고 수익배분 방식도 변경하는 등 수익 증대에 치중한 경영으로 인해 고객, 제작자의 불만이 폭발하며 디즈니를 외면하기 시작했다. 결국 더 이상의 기업가치 하락을 막기 위해 2년만에 그를 해고하고, 은퇴한 밥 아이거를 해결사로 다시 불러들였지만, 상황이 녹녹치는 않다.

코로나 종식에도 불구하고 놀이동산과 리조트의 매출이 정체되고, 디즈니플러스 구독자수가 감소하는 등으로 인해 2021년 대비 현재 주가는 반토막 수준에 불과하다. 행동주의펀드인 트라이언 파트너스는 부진한 실적이 경영전략의 실패 때문임을 주장하며 사업전략 수정과 경영 참여를 요구하며 경영진을 압박하고 있다. 본업인 만화영화와 관련해서도 흑인 인어공주에 따른 인종차별, 주인공 의상이나 대사 관련 성 정체성 논란 등 사회적, 정치적 이슈가 불거졌다.

게다가 디즈니 만화영화의 상징이었던 배를 운전하는 초창기 미키마우스의 저작권이 2024년에 만료되어, 디즈니의 허가없이 누구나 사용할 수 있게 되었다. 물론, 우리에게 친숙한 미키마우스가 아닌, 약 100년전 최초로 도안한 흑백 미키마우스에만 해당되어, 디즈니의 수입에 별다른 영향을 주지는 않을 수도 있다. 그러나 앞서 저작권이 만료된 곰돌이 푸의 사례를 보면, '곰돌이 푸 피와 꿀'이라는 영화에서 곰돌이 푸를 살인마로 설정하여 사람을 놀라게 했다. 유사한 일이 다시 발생한다면 디즈니 캐릭터의 이미지 훼손이라는 부차적인 피해도 예상되는 등 산적한 과제를 어떻게 헤쳐나가는지 지켜볼 일이다.

반면, 경영진 교체 후 최정상 기업으로 도약하기도 하는데, 만년 2등이었던 펩시코가 매출에서 코카콜라를 넘어선 것이다. 콜라를 주문하면 대부분 코카콜라를 주는게 일반적인 상황에서, 어떻게 매출 역전이 가능했던 것일까? 최초의 여성, 12년의 최장수 대표이사라는 두 개의 기록을 세운 인드라 누이는 건강에 대한 관심 증대로 탄산음료 시장은 축소되고 식품 및 건강음료 시장이 확대될 것으로 판단했다. 코카콜라가 음료에만 치중하는 동안 펩시코는 야채스낵, 과일쥬스, 스포츠음료 제조사 등을 합병했다. 그녀의 예측대로 고객이 설탕 대신 다이어트에 대한 관심이 증가하자, 건강음료, 유제품 등으로 제품을 다각화하였다.

리더만 전략을 수립하고 이를 실행한다고 성과가 창출되는 것은 아니다. 그녀는 직원관리에 있어서도 권위적이지 않고 평등한 인간관계를 형성했다. 활발히 의사소통하며 모든 직원이 단합해 성과를 창출하도록 리더쉽도 발휘해서 가능했던 것이다. 이와 같이 경영진 교체만으로 위대한 기업이 평범한 기업으로 전락하거나, 위기를 극복하고 전성기를 맞기도 한다. 따라서, 창업자가 핵심 경쟁력인 하이테크기업에 투자할 때 경영진 변동 상황을 주시할 필요가 있다.

2장

。

시장환경 변수

자신이 투자한 기업의 가치가 오르기 위해서는 매출이 늘어야 하는데, 매출은 고객의 지갑 사정에 영향을 받으므로 경기가 호황이냐 불황이냐에 따라 주식시장도 출렁댄다. 창문이 없는 배 안에 갇혀있다면 작은 파도로 인한 흔들림에도 배가 뒤집힐 것 같은 공포에 빠질 수도 있지만, 조종실에서 바다 전체를 조망한다면 파도가 얼마나 높은지, 언제쯤 날씨가 좋아지는지 예측할 수 있다. 마찬가지로, 자신이 투자한 기업이라는 배를 타고 주식시장이라는 바다 위를 항해할 때는 시장환경 변수를 알아야 대처할 수 있다. 그러나, 수백가지가 넘는 경제 통계를 모두 점검하고 투자에 활용하는 것은 불가능하기에, 활용도가 높은 주요 지표를 중심으로 살펴보고자 한다.

열길 물속은 알아도 경제지표는 알 수 없다

우선 증시와 밀접한 연관이 있는 경기가 변동하는 방향과 속도를 나타내는 경기종합지수에 대해서 알아보자. 생산, 소비, 투자 등을 집계하여 매월 공표되는 경기종합지수는 산출값과 실물경기의 반영시기와의 차이에 따라 선행, 동행, 후행지수로 나닌다. 산출값이 100보다 크면 경기 상승, 100보다 작으면 경기 하강을 의미한다.

경기선행지수는 6개월 후 경제상황을 예측하는 것으로서 재고순환, 건설수주, 수출입 물가비율 등을 토대로 산출한다. 경기가 좋아지면 제품 출하가 늘고, 공장 등 증설에 따른 건설수주도 증가하는 점을 이용한다. 경기동행지수는 고용, 생산, 소비지표를 사용하여 현재 경기상황을 나타내며, 경기후행지수는 재고, 물가

변화 등을 바탕으로 사후 경기변동을 확인하는 지표다.

주식시장은 경제상황과 높은 상관관계를 가지지만 기대심리가 최소 수개월이상 선반영되고, 다양한 요인에 영향을 받는다. 그러므로 데이터를 원칙처럼 과신하기보다는, 경제 흐름을 보는 참조자료로 활용하는 것이 바람직하다.

다음으로, 경제활동인구 중에서 일자리가 없는 사람수를 나타내는 실업률이다. 앞서 살펴봤듯이 통계는 작성방식에 따라 그 값이 천차만별로 달라지는데, 실업률에는 일하고 싶어도 할 수 없는 군인, 환자라든지, 취업에 계속 실패하여 구직을 포기한 사람 등을 제외하고 일할 능력과 의사가 있는 사람을 대상으로 산출한다. 실업률은 낮을수록 좋겠지만, 현실에서는 월급수준이 맞지 않아 자발적으로 쉬고 있는 사람, 시대가 발전해 자신의 능력이 쓸모가 없어져 취업을 못 하는 사람이 있다. 또한, 반도체 기술은 일손이 부족한데 조선업은 불황으로 일자리가 없어 실직한 사람 등 경제, 사회환경으로 인해 발생하는 실업이 존재하므로 실업률이 적정수준 이하로 낮아질 수는 없다.

일반적으로 실업률은 주식시장에 부정적 영향을 주는데, 실업이 늘면 소득이 감소하고, 소득이 줄면 소비가 감소하고, 소비가 줄면 경기 침체가 발생하기 때문이다. 하지만, 실업률이 주식시장에 반드시 악영향을 주는 것은 아닌데, 고용시장이 악화되면 경기 부양 정책을 시행하여 경제가 회복될거란 기대감이 확산되어 주식시장이 상승하기도 한다.

돈의 구매력을 나타내는 물가도 중요한 요소로서, 전세계 중앙은행들이 매월 발표하는 물가지수에 주목해야 한다. 제품의 가격은 수요와 공급에 의해 결정되는데, 코로나로 공장이 폐쇄되고, 물자이동이 제한되면서 원재료와 부품이 원활히 유통되지 못해 정상적인 제품생산이 불가능해졌다. 이러한 공급망 병목 현상으로 인해 일부 원자재가 품귀를 빚으면서 물가를 다시 밀어올리는 현상이 반복됐다. 코로나 종식 이후에는 그동안 자제했던 사회활동이 활발해지고, 억눌렸던 소비 불가에 대한 반발로 보복소비가 폭증하면서 과다 수요에 의한 물가 상승이 나타났다.

일반적으로 수요가 많다는 것은 구매능력이 있다는 뜻으로서 경기호황의 신호다. 그러나, 최근 전세계 물가상승의 원인은 수요, 공급 요인 외에 통화량 증가가 근본 원인이므로 경제 호황과는 거리가 멀다. 코로나로 가게, 기업, 공장이 문을 닫으면서 근로자에게는 보상금을 지급하고, 회사에는 대규모 지원금을 지불하면서 통화량이 급증하게 되었다.

돈의 양이 늘어나면 돈의 가치는 떨어질 수밖에 없어서, 사람들은 현금 대신 부동산 등 실물자산 구매로 몰려들었고 이는 다시 물가를 밀어올렸다. 임금은 그대로인 상황에서 물가만 폭등하다보니 소비를 줄이게 되어 경기침체 가능성이 나타났다. 물가상승이 지속되면 소비를 더욱 줄이고, 기업은 매출이 감소하여 직원을 해고한다. 해고된 직원은 돈이 없이 소비를 더욱 줄이고, 기업은 매출과 기업가치가 감소하는 악순환이 반복되므로 물가상승의 원인에 대해 주시할 필요가 있다.

다음으로 살펴볼 것은 돈을 빌려준 대가인 금리인데, 은행에 빌려주면 예금이자, 기업에 빌려주면 채권이자가 된다. 만약 물가가 금리보다 높다면 일년후 물건 가격이 예금이자보다 더 높아진다는 뜻이다. 이에, 예금 대신 지금 당장 물건을 구매하려 들 것이고, 이는 다시 물가상승을 초래한다. 이를 방지하기 위해 전세계 중앙은행은 금리를 물가보다 높게 지속적으로 올렸다. 하지만, 금리는 경제성장, 실업, 증시 등 모든 경제지표에 영향을 끼치는 요인이다보니 많은 부작용이 나타나고 있다.

경제가 성장하기 위해서는 기업이 대출이나 채권을 발행하여 자금을 조달하고, 공장이나 설비에 투자하여 제품생산을 확대한 후, 국내외 판매를 통해 매출을 증대해야 한다. 그러나 이자율이 높으면 기업은 사업 확장을 꺼리게 되고, 기존 대출이자 지급 부담도 증가하므로, 비용 절감을 위해 인력 구조조정에 나서게 되면서 실업률이 증가한다.

일반적으로 금리는 증시와 반대 방향으로 움직이는데, 금리가 오르면 기업실적이 저하되므로 주가가 하락할 수밖에 없다. 투자자도 안전자산인 예금이나 채권이자가 높아지면 위험을 감수하면서 주식투자를 할 이유가 없어지므로 위험자산인 주식에서 자금이 빠져나가게 된다.

하지만, 앞서 살펴본 바와 같이 금리는 모든 경제지표와 상호 작용하다 보니 금리 상승기에도 정부의 세금감소에 따른 기업의 투자여력이 확대되면 주가가 상승할 때도 있었다. 금융위기 시절 에는 기업 파산으로 인한 주가 하락과 경기 침체를 막기 위한 금 리 인하가 동시에 나타나기도 하므로, 금리와 주가의 관계도 일 관된 원칙이 있는 것은 아니다. 참고로 금리상승을 지지하는 매 파, 금리하락을 옹호하는 비둘기파는 사냥에 능한 공격적인 매와 부드럽고 평화를 상징하는 비둘기의 성향에서 유래되었다.

다음 주제는 오랜시간이 흘렀지만 여전히 우리 국민에게 국가 부도라는 충격을 안겨줬던 환율이다. 1996년 국민소득 1만달러 를 달성하고 OECD에 가입한 후, 선진국이라는 샴페인을 터뜨리 며 환호한지 1년만에 막대한 부채와 외환 유출이 동시에 발생하 며 외환위기가 발생했다. 당시 막대한 대출을 통해 무리하게 사 업을 확장하다가 수출 부진으로 대규모 적자가 발생한 대기업과 이들에게 돈을 빌려준 은행이 파산을 맞게 되자, 외국인 투자자 가 이탈하면서 원화가치가 폭락했다. 정부는 달러를 시장에 내다 팔면서 환율을 방어하려 했으나 밑빠진 독에 물붓기가 되어 외 환보유고가 바닥났다.

결국 IMF 구제금융을 신청하면서 수백개의 기업과 금융기 관이 파산하는 대혼돈이 시작되었다. 외환위기 1년전과 비교해

보면 경제충격이 얼마나 컸는지 알 수 있다. 환율은 800원에서 2,000원으로, 금리는 5%에서 30%로 치솟고, 증시는 1,100에서 300으로 폭락하였다.

우리나라는 국내에서 물건을 소비하는 것보다 수출이 많고, 자원이 부족하여 대부분 수입에 의존하는 무역중심의 경제구조다. 이로 인해 환율이 경제에 미치는 영향이 막대한데도 불구하고, 언론에서조차 환율에 대해 잘못된 정보를 전달하는 경우가 있으니 주의해야 한다. 환율의 사전적 의미는 자기나라 돈과 다른나라 돈의 교환비율로 기재되어 있다. 틀린 말은 아니지만 이 개념으로는 '미국 달러환율이 1,300원에서 1,400원으로 상승하여, 원화가치가 하락했다'라는 말을 이해하기 어렵다.

환율은 쉽게 말해 외국돈의 값이며, 사려는 사람이 많으면 값이 올라가고, 팔려는 사람이 많으면 값이 내려간다. 환율이 올랐다는 것은 미국돈은 사려는 사람이 많아 비싸지면서 상대적으로 한국돈 가치가 싸졌다는 것이다.

따라서 미국돈에 대한 수요 변화를 알면, 환율 변동도 예측할 수 있는데, 미국 달러의 수요공급은 크게 보면 무역거래, 금융거래, 사회환경으로 나뉜다. 무역시 결제는 대부분 달러로 이뤄져서, 수출이 수입보다 많으면 우리나라에 미국달러가 남아돌면서 미국돈 값이 하락하여 환율이 내린다. 예를 들어, 수출상품의 가격을 낮추면 가격경쟁력이 확보되어 수출이 증가하므로 미국돈이 많이 유입되어 미국돈값이 하락한다.

금융거래에서는 금리가 중요한데, 돈은 이자를 많이 주는 곳으로 모인다. 신용도가 높은 우량채권의 이자율보다 투기등급 채권의 이자가 높듯이, 금리도 선진국보다 투자위험이 높은 중진국, 개발도상국으로 갈수록 이자가 높은게 일반적이었다. 하지만 코로나 기간동안 대규모 양적완화 정책으로 통화량이 급증하며 물가도 폭등하자, 시중에 유통되는 돈의 양을 줄이기 위해 미국, 유럽이 금리를 지속적으로 상향하면서 우리나라보다 높게 되었다. 이로 인해 국내의 투자금이 선진국으로 빠져나가면서 환율이 상승했다.

정치사회 환경도 중요한데 시위, 테러 등으로 사회가 불안해지면 국내돈에 대한 신뢰도가 줄고 미국돈을 선호하게 되어 환율이 상승한다. 중남미의 소규모 국가인 에콰도르, 파나마, 엘살바도르 등은 정치불안 등을 이유로 자국 화폐를 포기하고 미국 달러를 공식통화로 채택하고 있다. 세계경제 20위 규모인 아르헨티나도 연간 100% 넘게 오르는 통제불능 물가로 인해 달러 채택을 검토중이다.

이처럼 다양한 요인으로 환율이 상승하면 주가는 어떻게 될까? 결론부터 말하면 환율과 주가는 높은 상관관계가 있으나 변동방향은 상황에 따라 달라진다. 먼저 기업 입장에서 환율이 오르면 해외부채가 많은 기업은 이자부담이 증가한다. 수입회사는 상품가격 상승으로 판매가 줄어드며 수익성이 나빠지는 데 반해, 수출회사는 판매금액을 한국돈으로 환전 시 높은 차익이 발생한다. 기존 투자자는 환율이 오르면 환차손을 줄이기 위해 주식을 매도하여 주가가 하락하고, 환전하여 본국으로 송금하기 위한 미국돈 수요가 증가하면서 다시 환율이 오르는 악순환이 반복된다.

예를 들어 1만달러를 환율 1,000원에 환전하여 총 1천만원으로 주식을 매수하고, 같은 금액으로 매도했다면 한국돈으로는 1천만원을 수령하여 투자손익은 없다. 만약, 환율이 1,000원에서 1,500원으로 올랐다면 미국돈 환전 시 6,700달러에 불과하여 30% 이상의 외환손실이 발생한다.

하지만, 신규 투자자에게는 환율 상승이 수익을 가져다주는데, 환율 1,000원 시절에는 1만달러를 환전하면 1천만원어치 한국주식밖에 살 수 없다. 만약, 환율이 1,500원으로 상승시 환전하면 1,500만원어치 한국주식을 살 수 있게되어 바겐세일이나 다름없다. 반대로, 한국돈 수요가 증가하면 환율이 내리는 상황이 발생하므로, 환율과 주가는 순방향 또는 역방향이다라고 단정지을 수 없다.

마지막으로 살펴볼 유가도 환율처럼 시장상황에 따라 변동방향이 다르니 주의해야 한다. 과거에는 중동국가 연합인 석유수출기구에서 생산량 조절을 통해 유가를 결정했다. 현재는 기술의 발전으로 미국에서 셰일가스가 개발되고, 세계적으로 친환경 에너지 등이 확산되면서 유가 영향력이 줄어드는 추세이다.

그렇지만, 원유는 교통, 난방, 생산 등에 필수요소로서 유가가 오르면 물가가 동반 상승하게 되어 증시에 영향을 미친다. 연료 소비가 많은 운송, 항공회사는 비용 증가로 부정적 영향을 받으나, 화학회사는 보유중인 원유 재고의 가치 상승에 따라 수익성이 향상되어 주가에 긍정적으로 작용한다.

지금까지 살펴본 바와 같이 다양한 경제지표는 시장환경에 따라 주가에 순방향, 때로는 역방향으로 변동하며, 상호작용을 통해 효과가 배가되거나 상쇄되기도 한다. 따라서 경제지표를 따로 떼어내서 분석하거나 단순히 몇 개의 경제지표만으로 섣부르게 주식시장을 예측하여, 도중에 매도해버리는 우를 범하지 않도록 주의해야 한다.

사업에 순풍이 될 수도, 역풍이 될 수도 있는 정책 변화

2023년 인도가 14억명의 인구를 넘어서며, 중국을 제치고 세계 최대 인구국가로 등극한 것은 손바닥 뒤집듯이 바뀌는 중국의 산아제한 정책 때문이다. 중국은 식량부족 등을 이유로 가정당 자녀를 1명으로 제한하고 위반시 높은 벌금을 부과하며 강제 낙태를 시키는 등 강압적 제제를 도입했다. 하지만, 인구가 급격하게 감소하자 두자녀를 허용하고 최근에는 출산지원 정책까지 도입했다. 그러나, 결혼관이 변화하고 경제적 이유로 출산을 기피하면서 인구감소를 막는 데 실패했다.

우리나라도 원자력 발전과 관련해서는 중국 못지않게 천당과 지옥을 오가는 극단적인 정책 변화가 있었다. 과거 정부는 후쿠시마 원전 사고 등을 계기로 방사능 유출 위험에 대비하여 가동

중인 발전소는 단계적으로 폐쇄했다. 신규 원자력발전소는 건설 계획을 백지화하는 탈원전 정책을 추진하면서 대안으로 태양광 사업 장려정책을 추진하였다. 반면, 현재 정부는 급증하는 전력 수요에 대응하기 위해서 원자력 발전의 효율성을 강조하며, 운영 중인 원전 수명 연장 및 신규 원전 건설을 추진하고 있다.

손바닥 뒤집기와 같은 이런 정책 변경은 우리나라가 정치적으로 미성숙해서가 아니며, 미국에서도 이해관계에 따라 극명한 대립이 발생한다. 트럼프는 미국 우선주의를 바탕으로 반이민정책, 공공의료 반대, 전통 에너지산업 보호 등의 정책을 펼쳤다. 반면, 바이든은 이민정책을 완화하고, 공공의료 확대, 신재생 에너지 산업 육성을 강조하면서 미국에서 생산된 전기차, 배터리 등에 대해 보조금을 지급하고, 미국내 합작법인 설립시 세금 혜택을 부여하고 있다. 그러나, 정권에 따라 모든 정책이 뒤집히는 것은 아닌데, 수출제한으로 중국을 엄격히 규제하는 정책이나, 미국 이익을 우선하는 정책은 변함없이 승계되고 있다.

따라서, 자신이 투자한 회사가 정책 변화의 수혜주라면 계속 보유해도 좋으나, 정책의 피해주라면 보유 여부를 진지하게 고민해 볼 필요가 있다. 미국 대통령 임기는 한국보다 짧은 4년이지만, 중임이 가능하기에 최대 8년간 역차별을 당할 수 있다. 신생 하이테크기업이 살아남기에 8년은 가혹하리만큼 긴 시간이기 때문이다.

십년 후 주식

생사를 결정하는 규제

전자담배의 아이폰이라 불렸던 쥴은 출시되자마자 세련된 디자인, 다양한 과일향을 무기로 전통 담배시장을 순식간에 잠식해갔다. 말보로가 거친 남자 이미지로 담배시장을 홍보했다면 쥴은 힙하며 유행에 민감한 젊은 세대에게 액상담배가 새로운 라이프스타일인것처럼 온라인에서 집중 홍보하여, 연매출이 2조를 돌파하며 대성공을 거뒀다.

그러나 뜻하지 않게 10대들로부터 열렬한 지지를 얻으면서 많은 중독자가 생겨났고, 회사는 청소년의 상대로 판매를 금지했지만 편법적인 구입까지 완전히 막을 수는 없었다. 또한 쥴에 중독된 10대들이 전통담배 등으로까지 옮겨가면서 학부모들의 반발이 확산되어, 결국 정부는 과일향의 전자담배 판매를 금지시켰다. 또한 액상형 전자담배의 유해성 논란에도 불구하고 안전한 것처럼 허위광고를 한 것에 대하여 수천억의 보상금을 지급해야 한다. 다시 판매허가를 얻기 위해선 청소년 중독성이 없음을 입증해야 하는 등 충족이 불가능한 규제조건으로 인해 줄은 더 이상 사업을 지속할 수 없게 되었다.

반면, 마리화나는 규제 변화로 합법과 불법을 오가며, 흥망성쇠를 겪었다. 17세기 미국은 마리화나의 재배와 사용을 장려하였으나, 20세기에는 일반사용은 금지하고 의료용만 허가하다가, 1970년대부터 모든 사용을 금지하였다. 그러나, 2000년대 들어서면서 일부 주에서 의료용으로 다시 허가하기 시작하고, 2022년 마리화나 제조, 유통에 대한 형사처분을 없애는 법안이 통과되면서 이제는 미국의 절반 가까운 주가 마리화나에 대한 규제를 철폐했다.

합법적인 마리화나 유통이 활성화되면서 재배시설 개발, 마리화나 생산, 마리화나 부가제품 생산, 치료용 의약품 개발 등 관련 기업의 매출도 지속적으로 증가하게 되었다. 여기서 잠깐 퀴즈. 마리화나 합법화 후 직장을 잃게되어 가장 피해를 본 것은? 정답은 마약탐지견이다. 냄새를 통해 물건을 찾도록 집중적으로 훈련된 개는, 그 냄새를 잊고 다른걸 찾도록 훈련하는게 불가능하기 때문이다.

도심을 비행하는 에어택시 역시 이런 규제가 발목을 잡고 있다. 지상에서 수직으로 이륙하여 프로펠러로 비행하는 에어택시는 대형 드론에 가까운 형태로서, 비행기나 헬리콥터와는 비행방식이 다르다. 그러나 항공법상 비행기 규제를 받으면 활주로가 필요하고, 헬리콥터 규제를 받으면 운항거리, 안전장치 등의 제약이 있다. 에어택시를 운행하기 위해서는 일정시간 이상의 비행경력이 있는 조종사가 요구되나, 에어택시가 아직 생산되지 않았으니 비행경력을 쌓는게 불가능한 모순이 발생한다.

아직, 불명확한 규정 등으로 인해 실제 비행까지 많은 장애물이 있는 상황이지만 중국이 2023년 세계 최초로 에어택시를 허가했다. 프랑스도 2024년 올림픽에서 에어택시를 시범운영할 계획이므로, 경쟁에서 뒤처지지 않기 위해 미국도 더 이상 승인을 미루기는 어려운 상황이다.

하이테크기업의 제품이나 서비스는 지금껏 존재하지 않다보니 법이나 제도가 미비하고, 기존 법을 적용하기에는 현실과 동떨어진 점이 많다. 그렇다고 해서 안전, 생명 등과 직결되는 사안이라 쉽게 허용하기도 어려운데, 이에 대한 해결책은 규제자유지역을 만드는 것이다. 현재에도 신사업이 기존 법에 저촉되더라도 임시로 시범사업을 허가해주는 규제 샌드박스가 있지만, 엄격한 심사를 거쳐야하고, 일정기간 후에는 임시허가가 만료되어 재심사를 받아야 하는 등 불편과 제약이 따른다.

2023년 미국이 샌프란시스코에서 운행중인 자율주행 택시가

앞차에 치인 승객을 다시 치는 사고가 발생하면서 운영이 중단되는 소동이 벌어졌다. 하지만, 이는 사고조사와 재발방지 대책을 수립하기 위한 일시적인 중단이어야지 영원한 중단이 되어서는 안 된다. 그것이 어렵다면 첨단기술을 테스트할 수 있는 규제자유지역을 정해서, 회사가 자율과 책임하에 운영하도록 해야 한다. 중국이 북경 등 10개 이상의 도시에서 자율주행택시를 확대 적용하는 상황에서 안전을 너무 중시하다보면 기술주도권을 잃는 우를 범할 수 있기 때문이다.

모든 안전수칙은 피로 쓰였다는 말처럼 신기술은 도입시부터 모든 상황을 다 가정할 수 없고, 시행과정에서 나타난 문제점들은 사후 규제 보완을 통해 해결할 수밖에 없다. 빌딩에서 화재가 발생했는데 출입문이 모두 회전문이어서 원활한 대피가 불가능하여 대규모 사상자가 발생한 후 회전문과 일반문을 동시에 설치하는 규제가 생겨났다. 또한 기차 탈선사고시 두꺼운 유리를 깰 수 없어 많은 사망자가 발생한 후, 출입문 옆에 비상탈출 망치를 비치하게 한 것도 선적용 후규제 사례다.

자율주행, 에어택시 등 국가 간 경쟁이 치열한 신기술 기업에 투자중이라면 지금의 규제에 좌절할 필요는 없다. 시간은 걸리겠지만 자국 기업 육성을 위해 규제가 완화될 가능성이 크고, 그동안의 규제가 진입장벽으로 작용해 새롭게 진입할 경쟁자도 적을 테니 말이다.

하늘 아래 두 개의 태양은 없는 국가 갈등

러시아와 우크라이나처럼 탱크와 전투기를 동원한 전쟁은 아니지만 2018년부터 5년 넘게 미국과 중국은 무역전쟁을 벌이는 중이다. 그동안 누적된 무역 불균형이나 대만 등 주변국의 안보상황 등도 영향을 끼쳤으나, 실질적 이유는 향후 백년의 경제패권을 위한 다툼이다. 시진핑은 3연임을 통해 절대권력을 확보한 후, 일대일로를 통해 아시아, 유럽, 아프리카, 남미의 육로와 바다를 연결하여 위안화가 국제결제 통화로 비상하는 꿈을 꾸고 있다. 중국은 제조업에서 세계 1위를 달성하였으나, 원자재를 수입하고 제품을 수출하는데 달러로 결제하여 미국의 통화정책에 종속될 수밖에 없는 문제가 있었다.

이런 구조에서는 1980년대 일본이 미국을 바짝 뒤쫓는 경제대국으로 성장하자 플라자합의를 통해 환율을 강제로 조정하여 잃어버린 30년으로 불리는 장기간의 침체가 중국에도 발생하지 말라는 법이 없다. 이에 중국은 일대일로 국가들의 통신, 도로 등 인프라 건설을 지원하고 대금은 위안화로 받고, 무역에서도 위안화로 결재하여 원자재 가격에 대한 중국의 영향력을 확대하고 있다.

아이러니하게도 과거 중국이 생산기지로 부상할 수 있었던 것은 미국 덕분이있다. 미국은 높은 기술과 자본을 보유하였으나, 임금이 높아 제품의 경쟁력이 떨어지는 상황에서 중국이라는 풍부하고 저렴한 노동시장을 발견했다. 미국기업들은 앞다퉈 공장을 중국으로 이전했고 그렇게 수십년간 서로 윈윈하며 지냈다.

그러나, 중국이 더 이상 생산기지에 만족하지 않고 미국과 동등한 세계 강대국을 꿈꾸면서 사이가 틀어졌다. 설상가상으로 첨단산업의 쌀이라고 불릴 정도로 모든 전자제품에 필수인 반도체가 한국, 대만, 중국 등 모두 아시아에서 생산되어, 미국의 영향력 밖에 있는 것이 불안감으로 다가왔다. 이에, 미국은 중국제품에 높은 관세를 부과하고 중국기업을 블랙리스트에 등재하여 미국과 거래가 불가능하게 만들었다. 우방국가들과 반도체 공급망을 재편하고 세제 혜택을 통해 첨단 제조시설을 다시 미국으로 불러들여 중국과 기술격차를 확대하는 전략도 추구하고 있다.

물론, 중국이 이를 순순히 받아들일리는 없다. 미국의 제재에

맞서 국내 소비시장을 활성화하고 소득분배를 효율화하고 있다. 핵심부품 국산화 등을 통해 내수를 확대하고, 수입 의존도를 줄이는 전략도 추진중이다. 그리고, 러시아의 몰락으로 경쟁자가 없을 것 같던 우주개발 분야에서 자체 우주정거장 구축에 성공함으로써 말만이 아닌 실행능력을 증명했다.

양국의 갈등이 동맹국으로 확대되면 편가르기가 심해져 국제정세가 불안해지고, 보호무역으로 인해 수출입이 위축되는 문제가 발생한다. 하지만, 자신이 투자한 회사가 미래 핵심산업에 해당하는 경우 국가가 사활을 걸고 전폭적으로 지원함으로써 기술발전이 가속화될 수 있으므로, 수혜기업인지 피해기업인지를 따져서 위기와 기회를 파악해야 한다.

마음을 다스리는 심리

투자 중 경계해야 할 심리상태에는 나만 기회를 놓칠까 두려워서 투자에 급하게 뛰어드는 포모Fear Of Missing Out가 있다. 주위사람들이 투자로 돈을 벌었다는 이야기를 하고, 투자 관련 뉴스가 TV에 자주 등장하고, 온라인에도 투자 성공사례가 넘쳐나면, 나만 빼고 모두 부자가 되는 것 같은 조급한 마음에 자세한 분석도 없이 무작정 투자에 나서기 쉽다.

　미국의 유명한 펀드매니저인 피터 린치는 칵테일파티에 참석한 펀드매니저를 예로 들며 증시상황과 심리상태를 설명했다. 자신이 펀드매니저라고 소개했을 때 아무도 관심을 갖지 않는다면 1단계인 증시침체기다. 일부 사람을 제외한 대부분이 무관심해하면 2단계인 증시상승 초입기이고, 여러사람이 모여들어 증시

전망과 종목 추천을 요청하면 3단계인 증시 활황기다. 모든 사람이 수익을 자랑하며 펀드매니저인 자신에게 증시전망을 가르치려 하면 마지막 4단계인 상승 끝물이라는 것이다. 포모가 발생하는 시점은 바로 증시가 정점에 이르러 고평가되었을 때므로 남은 건 폭락밖에 없으며, 기간도 금액도 분산하지 않고 투자에 나섰다면 순식간에 많은 돈을 잃게 된다.

사람들의 입소문에 편성하여 투자에 동조하는 밈^{meme}도 아무런 근거가 없어 언제든 주가가 폭락할 수 있다. 1%의 금융자본이 99% 일반사람의 이익을 약탈하고 있는 것에 반발해 월가를 점령했던 시위는 코로나 기간에 온라인으로 재현되었다. 온라인 주식 토론방에서 기관투자자가 공매도한 주식에 대해서 개인들이 집중적으로 사들였다. 게임스탑 주가가 급등했을 때, 일회성 이벤트로 치부되었으나, 배드베스비욘드 등이 연달아 급등하면서 밈 투자 열풍이 불었다. 기업의 실적, 재무, 사업전망 등은 전혀 고려하지 않고, 밈에 참여하지 않는 것이 유행에 뒤쳐진 것처럼 여겨질 정도였다.

암호화폐 시장의 도지코인은 더 황당한 경우로서, 비트코인과 같이 발행량 제한이나 구체적인 개발 목적도 없었다. 단지 일본 시바견 강아지를 모델로 재미로 만든 코인이 일론 머스크의 도지코인 관련 글 덕분에 가격이 100배 이상 급등했다. 하지만, 이러한 밈주식, 밈코인은 모래성과 같아서 하루아침에 모두 무너져

내릴 수 있으니, 아예 관심을 갖지 않는 것이 바람직하다.

밈이나 포모의 공통점은 타인과 비교한다는 것이다. 십 년 후 주식은 지금은 보잘것 없는게 당연하다. 현재 인기있는 주식들과 비교하면 수익률도 형편없고, 곧 망할 것만 같은 불안감만 들며, 심하면 우울감과 분노를 느낄 수도 있다. 자신보다 더 못한 처지인 사람들과 비교하면 심리적 위안을 얻지 않을까라고 생각할 수 있다. 하지만, 상장 폐지되어 전액 손실이 발생한 타인의 주식을 보면, 위로를 받는 것이 아니라 나 역시 전액 손실이 발생할 수 있다는 공포와 불안에 사로잡히게 된다.

수영을 배울 때 박태환보다 기록이 느리다는 이유로 좌절하거나 열등감을 느끼는 사람은 없다. 수영은 건강, 재미, 즐거움을 위해 배우는 것이지 남과 경쟁하기 위해 배우는 것이 아니기 때문이다. 투자도 마찬가지다. 남을 이겨야 수익이 발생하는 것이 아니라, 좋은 기업을 찾아내고 기술과 산업의 변화를 분석하며 장기간 투자하다 보면, 나무가 자라서 열매를 맺는 시기가 오는 것이다.

참고 기다려주는 인내

이집트 하면 대부분 피라미드와 스핑크스가 생각나겠지만, 프리다이빙을 즐기는 사람들은 조그만 어촌마을인 다합의 수심이 130m가 넘는 블루홀을 떠올린다. 프리다이빙은 산소통 없이 바다의 수압과 부족한 호흡을 견디며 바닷속으로 깊이 잠수하는 스포츠로서, 세계 최고기록은 136m에 달한다.

　오랫동안 호흡을 참고 잠수를 하다보면 체내에 쌓인 이산화탄소와 자기방어를 위한 뇌가 정지되어 정신을 잃는 블랙아웃에 빠질 수도 있다. 하지만, 빛조차 들어오지 못하는 바닷속에서 느려지는 심장 박동을 느끼며, 숨을 쉰다는 원초적 욕구까지 참아내다 보면, 인간의 한계를 뛰어넘은 자만이 아는 뿌듯함을 넘어서 경이로움까지 느낄 수 있다고 한다.

요즘 헬스장은 천국의 계단이 있는지에 따라 등록생 수가 결정된다. 흔히 러닝머신이라고 부르는 트레드밀에 계단을 합성한 스텝밀Stepmill은 계단이 계속 만들어지면서, 평지를 걷는 것보다 운동 효과는 두배 이상 뛰어나면서, 부상 위험은 적은 최고의 유산소 운동기구다.

뜬금없이 계단 얘기를 꺼낸 이유는 투자자산은 장기적으로 우상향하는 것이 맞지만, 한달, 일년처럼 각 구간을 나눠보면 몇 차례의 급락과 급등을 거치면서 계단식으로 상승하므로, 내가 있는 지점이 급락 직전인지 급등 직전인지 알 수가 없다. 따라서, 하락하는 지금 매도한 후 반등시 매수한다는 것은 현실적으로 불가능한데, 매도 후 추가 하락하면 팔기를 잘했다는 안도감에 바닥을 확인할 때까지 매수에 주저하게 된다. 매도 후 반등하면 판 가격보다 높게 사기 아까워 주가가 떨어지기를 기다리면서 매수를 못 하게 된다. 안타깝게도 총수익의 대부분은 급등 기간에 발생하므로 급등 전에 주식을 매도하고 급등 후에 주식을 재매수했더라도, 투자수익은 현저히 낮을 수밖에 없다.

그렇다면, 주가가 급락하고 주식시장 전체에 비관적 전망이 팽배한대도 주식을 계속 보유하는 것이 맞는걸까? 해답은 지금까지 살펴본 기업변수냐 시장변수냐에 달려있다. 제품상용화 실패, 회계조작, 핵심경영진 교체 등 자신이 투자한 기업에 문제가 발생하여 본질적인 기업가치가 변했다면 투자를 중단하는 것이 맞다.

그러나, 경제지표나 국가 간 분쟁 등 시장환경 악화로 증시가 하락하는 것이라면 기업의 본질가치는 변함이 없기에 계속 보유하는 것이 좋다. 매일의 증시변동에 흔들리지 않으려면 최초 투자시 십 년 후 미래가치를 설정하고 그 가격에 도달할 때까지 매도하지 않는 방법도 있다.

묘목을 심었다면 충분한 햇볕과 물을 먹을 때까지 기다리는 시간이 필요하다. 빨리 키우려는 욕심에 시도때도 없이 물을 주거나, 아예 관심을 끊고 물주기를 중단하는 것 모두 나무를 죽게 만든다. 중국의 모소 대나무는 4년간 어린 죽순만큼밖에 자라지 않다가, 5년부터는 하루에 30센티씩 성장하여 두달만에 수십미터로 성장한다. 이렇게 빨리 성장할 수 있었던건 4년동안 땅속에서 깊게 뿌리를 내리며 미래의 성장을 위해 참고 기다린 시간이 있었음을 기억하자.

5부

결말 :
십 년 후에는...

차를 타는게 지루한 것은 도착지라는 결과만 보기 때문이며,
집을 떠나는 순간부터 여행으로 여긴다면
목적지로 가는 동안의 풍경은 설레고 흥미롭다.
십년은 목적지가 아닌 유망 기업이 위대한 기업으로 성장하는 것을
지켜보는 투자의 과정이다.

기다림의 미학

마라톤에서 35km 지점은 가장 힘든 마의구간으로 불린다. 3시간이나 달려와서 체력이 바닥나기도 했지만, 결승선이 도저히 보이지 않아 절망에 빠지게 되어 많은 사람이 포기한다. 하지만, 이 시간을 참고 견뎌내면 하늘을 나는 느낌 같은 러너즈하이Runner's High를 경험하게 된다. 끝이 보이기 시작하면 힘이 솟구치는데 결승선을 통과할 때의 표정은 장시간 달려왔다는 것이 믿기지 않을 정도로 환하게 웃는 사람이 대부분이다.

포기자와 완주자를 가르는 것은 미래에 대한 믿음이다. 아무리 달려도 도대체 언제 결승선이 나오는건지 의심하는 사람은 지금의 고통이 영원할 것 같아 포기한다. 반면, 계속 달리다 보면 골인지점에 반드시 도착할 것이라는 믿음을 가진 사람은 육체적,

정신적 괴로움을 참고 견뎌내어 완주하는 것이다. 불치병에 걸린 환자도 자녀의 결혼, 예쁜 아기의 탄생까지 살아서 직접 볼거라는 믿음을 가진 사람이, 완치 희망없이 힘든 고통 속에 사는 사람보다 더 오래 생존한다.

통찰로 좋은 기업을 고르고, 용기를 갖고 투자를 했다면, 인내를 갖고 기업이 성장해 나가는 것을 기다려야 하지만 대부분 중도에 포기하고 만다. 십 년 후 주식에 투자하는 것은 와인을 양조하는 것보다 나무를 기르는 것에 가깝다. 와인은 좋은 포도를 골라 오크통에 담고 온도와 습도만 맞춰놓고 장기간 기다리는 수동적 행위이다. 반면, 나무를 기르는 것은 비료를 주고, 병충해를 제거하고, 가지를 치는 등 끊임없는 가꾸기가 수반되는 능동적 행위이다.

매수후 십년이 지나면 저절로 우량주로 성장해있는 것이 아니라, 예측한 방향대로 기업이 성장하고 있는지를 지속적으로 공부하며 확인해야 한다. 여기서 말하는 공부는 시험준비를 하듯 꼼꼼히 학습하는 것이 아니라, 기업의 운영 상황과 기술 동향을 뉴스나 사업보고서 등을 통해 점검하는 것이다. 경제학자나 과학자처럼 전문 지식을 알 필요는 없으며 신제품, 사회현상, 기술 변화 등을 주의깊게 보면서 미래사회가 어디로 나아가고 있는지 전망할 수 있어야 한다. 변화가 불러올 효과를 자신이 투자하는 기업의 사업과 연결해보면, 기업이 미래의 어디쯤 와있는지 알 수 있다.

주식시장은 인내심 없는 사람의 돈을 인내심 있는 사람에게 이동시켜 준다는 워렌 버핏의 말처럼 주가 등락에 따라 기분이 좌우되거나, 믿음을 잃고 미래가 과연 오기는 하는지 회의적인 시각을 가지면 투자를 포기하기 쉽다. 몇시간의 마라톤도 페이스를 조절하지 못하면 완주할 수 없는데, 하물며 십년의 투자라면 미래를 장밋빛도, 잿빛도 아닌 있는 그대로 바라보며 발은 현실에 디딘 채 변화를 객관적으로 지켜보아야 한다.

열심히 노력한다고 해서 반드시 성공하는 것이 아니듯, 옳은 투자 결정에도 불구하고 손실이 날 수 있다. 특히, 신생 하이테크 기업이라면 기업의 잘못으로 기술개발에 실패하거나, 제품상용화가 무산될 수 있다. 의도치 않은 시장환경 변화로 인해 파산하여 투자액 전부를 잃을 수도 있다. 이러한 위기를 극복하고 살아남아야 진입장벽, 승자독식, 장기독점을 무기로, 폐허의 잔해 위에서 빅테크기업으로 성장하는 것이다.

기술이 진입장벽

우리나라에서 면적당 커피숍이 가장 많은 곳은 여의도다. 밤사이 해외증시 상황을 점검하기 위한 새벽 출근자부터 늦은 밤까지 근무하는 야근자까지, 여의도의 커피숍은 새벽 6시부터 밤10시까지 손님이 끊이지 않는다. 국수 한그릇이 만원을 넘을 정도로 비싼 물가를 자랑하는 여의도지만, 커피값은 점점 내려가서 마지노선이 1천원에 도달했다. 대부분 테이크아웃을 하다보니 정식 점포가 아닌 건물복도 한편에 가판대를 설치하고, 커피머신만 있으면 누구든 창업이 가능하다보니 경쟁이 갈수록 치열해지면서 가격이 내려가게 된 것이다. 고객 입장에서는 낮은 가격을 마다할리 없지만 투자자라면 높은 진입장벽으로 가격 결정권을 보유한 회사에 투자하는 것이 좋다.

인튜이티브 서지컬은 수술용 팔과 카메라로 구성된 수술로봇을 제작하는데 의사가 조종기를 움직이면 로봇팔이 동일하게 작동하면서 수술한다. 최첨단 로봇 덕분에 과거와 같이 칼을 사용하지 않고 몸에 구멍을 뚫어 시술하여, 환자의 합병증이 적고 회복도 빠르다. 의사의 손이 떨려도 수술로봇이 떨림을 보정하고, 환자의 몸속을 입체적으로 확대하여 보여주니 의사는 몇 개의 구멍만으로도 정확한 수술이 가능하다.

이러한 첨단기능 때문에 수술로봇을 제대로 작동하기 위해서는 많은 훈련이 필요하여, 세계 주요나라에 수술로봇 훈련센터를 설치하여 작동방법과 최신수술법을 교육한다. 하지만, 의료는 생명과 직결되므로 효능이 입증된 치료법을 바꾸려하지 않고, 기존 수술로봇에 익숙해지면 다른 제품을 새로 배우기 어려운 점이 진입장벽으로 작용하여, 추후 가격을 인상하더라도 계속 사용할 수밖에 없게 만든다.

맥박, 수면 등을 측정하는 것을 넘어 인간의 행동을 도와주는 입는 로봇시장도 개화중이다. 신체적 장애로 일상활동이 불가능한 사람의 팔, 다리를 대신하거나, 군인, 건설근로자 등의 근력을 향상시키고, 소방수, 경찰 등의 신체를 보호하는 구조용으로도 사용할 수 있다. 미래에는 몸속에 직접 투입하여 치료하는 미세한 크기의 나노로봇도 출시될 것으로 전망된다. 캡슐에 든 로봇이 암세포까지 이동해 직접 치료하거나, 혈관 내 찌꺼기를 청소하고 막힌 혈관을 뚫는 등의 로봇도 출현할 것이다.

ARM은 일반인들에게는 낯선 회사지만, 미국 명문대 출신의 창업자가 차고에서 테크기업을 창업했듯이, 영국 명문대인 케임브리지 출신의 창업자가 헛간에서 사업을 시작했다. 지금은 휴대폰, TV, 컴퓨터 등의 반도체 설계 관련 대부분의 기술을 보유하여, 반도체 제조회사로부터 수조원의 기술료를 받는 기업으로 성장했다.

대부분의 회사는 납품업체 간 경쟁, 원활한 부품조달을 위해 복수의 업체와 거래하지만, 반도체 설계는 높은 기술력이 요구되어 모든 반도체회사가 ARM에게 설계를 요청한다. ARM은 경쟁회사 여부를 따지지 않고 동등하게 업무를 처리하여 반도체회사의 스위스라고 불리며 시장을 독점하고 있다. 이로 인해 일본의 소프트뱅크가 지분 매각을 추진하자 삼성전자, 엔비디아 등이 인수를 검토하였다. 그러나, 특정회사가 인수시 다른 반도체 제조회사의 설계기밀 유출 우려로 기업결합이 불승인된 후, 나스닥 상장으로 방향을 전환하였다.

이처럼 높은 기술력이 요구되거나 연구개발에 많은 시간과 비용이 소요되는 분야는 기술이 진입장벽이 되어 경쟁자가 적다. 미래에는 더 많은 신기술이 출현하게 될 것이므로 현재는 출시된 제품이 없더라도, 혁신적인 기술을 가졌다면 미래에는 높은 점유율을 바탕으로 강력한 가격결정력을 통해 수익을 창출할 수 있다.

이긴 사람이 모두 갖는 승자독식

유럽에서 기업가치가 가장 높은 곳은 얼마전까지 루이비통그룹인 LVMH였다. 하지만, 지금은 처음 들어보는 덴마크 제약사인 노보노디스크인데, 이 회사는 당뇨병 치료제 시장을 100년간 일라이릴리와 양분해왔다. 기존 비만치료제는 가짜 포만감을 유도하는 과정에서 각성제 등을 사용하다보니 불면증, 우울증 등 심각한 부작용이 있었다.

반면, 몇년전 이 회사가 출시한 신약은 체내의 호르몬으로 혈당을 조절해 식욕을 억제하는 방식이라서, 부작용이 적고 효과는 강력했다. 한달 주사비가 2백만원으로 적지 않은 비용이지만 연예인, 정치인 등 유명인사의 입소문으로 품귀 현상을 빚었다. 미국에만 비만 인구가 1억명 이상이니 향후에도 매출이 급증할 것으로 전망된다.

비만이 질병인지에 대해서는 논란이 있을 수 있지만, 비만 자체가 병은 아니더라도 비만으로 인해 고혈압, 당뇨병, 고지혈증 등 각종 성인병 발생한다는 점은 의심할 여지가 없다. 비만치료제와 당뇨병 모두 체내 인슐린 조절과 연관되어 있어, 갑자기 약이 개발된 것이 아니다. 당뇨병으로 진행되기 전 비만치료를 대상으로 시장을 확대한 것이므로, 당뇨병 치료제의 경쟁자였던 일라이 릴리도 비만치료제를 출시하면 시창을 양분할 것으로 전망된다.

비만치료제의 돌풍은 타 산업에 예상치 못한 행운과 불운을 동시에 가져왔다. 수혜를 받는 분야는 피트니스와 패션업으로서 다이어트 효과를 가중시키기 위해 운동이 늘어나고, 체중 감량에 성공한 사람들의 의류 구매가 증가할 것이기 때문이다. 반면, 식음료와 슈퍼마켓은 직격탄이 예상되는데 식욕이 감소하게 되면 음식 구매도 당연히 줄어들 수밖에 없기 때문이다.

2023년 애플을 제외한 미국의 모든 빅테크기업이 뛰어들고 있는 생성형AI는, 주어진 질문에 어떤 단어가 나오면 적절한지를 통계적으로 예측하여 답을 제시한다. 구글과 같은 기존의 검색서비스는 인터넷에서 찾은 자료를 보여주는 방식인 데 반해, 생성형AI는 찾은 자료를 조합하여 결과물을 스스로 만들어낸다.

예를 들어 과거에는 제주도 여행을 검색하면 뉴스나 블로그 등 타인의 여행기록을 보고 자신이 직접 여행계획을 작성해야 했다. 하지만, 생성형AI에게 2박3일 일정으로 제주도 관광지 위주로 일정을 수립해달라고 요구하면, 실제 여행코스를 만들어낼 뿐 아니라, 부모님과의 여행, 바닷가 위주 여행 등 세부 조건을 추가할 때마다 맞춤형 일정으로 변형해준다.

처음 스마트폰이 출시되었을 때 인터넷이나 게임 정도에 사용될 것으로 생각했으나 이제는 컴퓨터보다 더 많은 일을 처리하듯이, 생성형AI도 조만간 자신을 대신해 업무를 처리하는 비서로 진화할 것으로 보인다. 아니, 미국 변호사시험, 의사시험 등도 모두 합격한 수준인걸 보면 비서가 아닌 조언을 구할 수 있는 전문가라고 부르는게 더 적합하겠다.

생성형AI에서 현재 가장 앞서 나가고 있는 마이크로소프트는 챗GPT를 만든 오픈AI와 연합하여 대화형으로 질문하면, 내용을 인터넷에서 검색한 후 이를 바탕으로 답변을 생성하여 최신정보에 대한 정확성을 높인 것이 특징이다. 또한 답변을 글자, 표, 이미지 등으로 생성할 수 있어 워드, 엑셀, 파워포인트도 대신 작성할 수 있다. 문서뿐 아니라 이미지, 음성, 영상까지 학습이 가능해져서 엑스레이 사진을 보고 질병을 진단할 수도 있는데, 이 모든 것이 불과 출시 1년만에 이룬 결과다.

미래에는 영상에 멋진 바다가 나오면, 저곳으로 4박5일 여행을 갈테니 호텔과 항공을 예약해 달라고 요청하면, 사람의 지시를 수행하는 조수로서의 역할을 해내게 될 것이다. 그러면 현재의 구글이 검색시장을 독점했듯이 미래에는 생성형AI가 인터넷 시장을 독점하는 시대가 올 것이며, 강력한 기술을 가진 하이테크기업의 승자독식도 더욱 심화될 것이다.

한계를 모르는 장기독점

현재 가장 활황 산업인 반도체는 설계, 제조, 패키징의 3단계로 구분되는데, 설계는 앞서 살펴본 ARM이, 제조는 삼성전자, TSMC가, 패키징은 대부분 중국기업이 담당하고 있다. 그러나 제조과정의 핵심장비인 반도체 회로를 빛으로 새기는 노광기는 미세한 회로를 구현하기 위해 고도의 기술력이 요구되어 ASML이 독점하고 있다.

노광기는 보이지 않을 정도로 미세한 수많은 레이저를 발사하여 회로를 만들다보니, 무게가 100톤을 초과하고 1대당 가격이 2천억이 넘는 거대한 초고가 장비다. 미국의 무역제재로 첨단장비의 중국 수출이 금지되면서 중국정부가 수조원의 지원금으로 자체 개발을 시도중이나 아직 이렇다할 성과가 없다. 몇 년후 중국이 개발에 성공하더라도 ASML은 더 뛰어난 제품을 개발했을테니, 향후에도 독점은 지속될 것으로 예상된다.

현재는 시장이 태동하는 초기지만 미래에 급속도로 성장할 것으로 예상되는 산업은 우주항공이다. 과거에는 달착륙을 목표로 미국과 러시아간 우주 경쟁에 중국과 유럽도 참여하는 정부 주도의 산업이었다. 그러나, 냉전이 종식되면서 돈먹는 하마인 달 탐사에 대한 무용론이 대두되어 나사의 예산이 삭감되었다.

부족한 예산으로 프로젝트를 수행하기 위해 우주탐사 전략 수립은 나사가 담당하고 제품 개발은 민간기업에 위탁하는 것으로 사업을 분리했다. 이에, 신기술과 혁신적 아이디어를 바탕으로 다양한 로켓회사가 등장했지만 일부 회사를 제외하고는 모두 로켓 발사에 실패했다. 현재 최고의 로켓회사로 인정받는 스페이스 엑스 역시 세번 연속 로켓 발사에 실패한 후, 네번째 발사에는 투자자를 구할 수 없게되자 일론 머스크의 남은 재산을 모두 투입한 끝에 극적으로 성공하였다.

소형 로켓발사에 성공한 후 곧바로 대형로켓 개발에 돌입했는데 일반적으로 로켓 크기가 커지면 더 많은 연료가 필요하다. 연료를 더 많이 실으려면 로켓이 다시 커지고, 로켓이 커지면 무거워져서 연료와 비용이 더 많이 드는 악순환에 빠진다. 하지만, 발상의 전환을 통해 물건을 더 많이 실으면 무게당 발사 비용이 감소하는 데 주목했다. 결국, 대형 로켓개발에 성공한 후, 수십개의 위성을 실어 한꺼번에 발사하며 저렴한 비용으로 수천개의 위성 군집을 구축할 수 있었다. 이 덕분에 위성을 활용한 통신회사, 촬영회사들이 출현하게 되고 우주에서 신약을 개발하는 제약회사도 등장하면서 사업이 본궤도에 올랐다.

하지만, 그는 여전히 초대형 로켓개발에 매진하고 있다. 어릴 적부터 지구 종말에 대비해 인간이 다행성 종족이 되어야 살아남을 것이라는 생각을 가졌고, 그 시작으로 지구에서 가까운 화성으로 인류를 이주시키기 위해서다. 태양과 가까운 금성은 너무 뜨거워서 생명체가 살 수 없지만, 화성의 추위는 지하도시를 건설하거나 태양열을 이용하면 생존 가능한 온도를 만들 수 있기 때문이었다.

생존을 위해 필수인 지구와의 통신기술도 진척을 보인다. 화성은 지구에서 2백만킬로미터 떨어져 있어 라디오, TV 등에 사용하는 전자기파로 통신하더라도 10분이상 걸리며, 데이터 용량 제한으로 글자, 이미지만 전송 가능한 수준이었다. 하지만, 최근 심우주를 탐사중인 우주선이 지구와 레이저 통신에 성공하면서 데이터 용량을 100배 이상 증대할 수 있게 되었다. 동영상도 실시간으로 전송이 가능하므로, 화성 정착시 직면하는 문제들에 대해 지구로부터 원격 지원을 받을 수 있다.

문제는 인류를 화성에 보내기 위해서는 착륙 기술이 필요한데, 이착륙이 가능한 비행기와는 달리, 로켓은 발사임무 완료 후 바다에 낙하시키는 것을 당연하게 여겼다. 그 이유는 비행기는 조종사가 하늘의 상황을 판단하며 직접 조종할 수 있지만, 로켓은 조종사가 없기 때문이다. 100킬로미터 이상의 우주에서 엄청난 속도로 낙하하면서 우주에서 보면 바늘구멍보다 더 작은 지점에 착륙시키는 것은 불가능하다고 여겼다.

하지만, 수많은 로켓 폭발에도 불구하고 도전을 계속한 결과, 2015년 방향과 속도를 스스로 제어하면서 낙하하다가 역추진을 사용하여 착륙에 성공했다. 또한 발사 연료도 등유에서 메탄으로 교체했는데 메탄은 가격이 저렴하고 연소 찌꺼기가 업어 로켓 재활용에 유리하다. 또한, 탄소와 수소만으로 쉽게 제조할 수 있어 달이나 화성에서 지구로 귀환시 현지에서 메탄을 연료로 조달하는 것이 가능하다는 장점도 있다.

착륙 기술은 단순히 발사비용만 낮추는 것이 아니라, 사람이 화성에서 안전하게 로켓 밖으로 나올 수 있게 만들고 로켓 재활용을 통해 지구로 귀환까지 가능하게 해 주는 꿈의 기술이다.

스페이스엑스가 로켓 재착륙에 성공한지 10년이 흘렀지만, 아직 재착륙에 성공한 다른 기업은 없다.

고도로 발달한 기술은 마법과 구분할 수 없다는 말처럼 기술 유출의 우려로 특허도 내지 않았기에 재착륙 방법은 여전히 베일에 싸여있어, 다른 기업이 기술을 모방할 때까지 장기간 독점 수익이 가능하다. 자신의 기술이 세계 표준이 되면 다른 기업이 자신이 만든 규정을 따르게 만들 수 있다. 그들이 따라왔을 때는 누적된 노하우로 한차원 높은 기술을 출시하며 시장 지배력을 유지하여 막대한 수익을 벌어들일 수 있다.

로켓 발사에 실패하여 파산을 걱정하던 스페이스엑스는 설립 15년이 지난 지금, 수조원의 매출을 기록하며 200조의 기업가치로 성장했다. 우주시장이 아직 개척 단계임을 감안하면 하이테크기업의 대명사인 스페이스엑스가 진입장벽, 승자독식, 장기독점을 통해 어디까지 성장할 수 있을지 흥미롭게 지켜볼 일이다.

십 년 후 주가가 오를지는 아무도 알 수 없으나, 어떤 산업이 유망할지는 현재 출시된 제품이나, 기술, 사회의 변화를 보면 알 수 있다. 단순히 음식을 요리하고, 물건을 조립하던 로봇은 더욱 정교하고 다양한 기술을 장착하여 일상생활, 산업현장, 의료활동에서 활약하게 될 것이다. 인공지능을 활용한 신약 개발과 치료법 개선이 활발해지면서 고령화에 따른 질병을 치료하는 헬스케어 기술도 향상될 것이다.

전기에너지 생산기술도 발전할 것으로 예상되는데, 십년전 개인의 IT기기는 휴대폰 하나였지만, 지금은 스마트폰, 이어폰, 손목시계 등으로 늘어났다. 미래에는 안경 등 몸에 착용하는 웨어러블 기기가 보편화되고, 운송수단도 킥보드, 자전거, 자동차, 선박 이외에, 에어택시, 항공기까지 확대되어 전기수요가 급증할 것이기 때문이다.

지금은 전기 운송수단 전환에 따른 배터리 산업이 호황이지만, 십 년 후에는 막대한 전기를 공급할 수 있는 에너지 발전이 중요하다. 태양열, 풍력 등 친환경 에너지는 안전하지만 효율성이 낮아 대규모 전기생산이 어렵다. 반면, 원자력 발전소는 대규모 전기생산은 가능하지만 후쿠시마 원전사고에서 보듯이 방사능 유출 위험으로 추가 건설이 쉽지 않다.

대안으로 거론되는 것이 대규모 생산능력과 안전성, 친환경성을 동시에 갖춘 꿈의 발전소인 인공태양으로 불리는 핵융합 발전이다. 지금의 핵분열 방식의 원자력 발전과는 반대로, 핵융합 발전은 원자핵과 전자가 충돌하여 합쳐지는 과정에서 발생하는 에너지를 이용하여 전기를 생산한다.

핵융합을 위한 두 개의 필수 기술은 수소를 1억도 이상으로 가열하여 전자가 자유롭게 이동할 수 있는 플라즈마 상태로 만드는 것과 초전도 자석을 이용해 도넛 모양의 자기력망에 가두는 기술이다. 현재까지 1억도의 플라즈마를 만들어 30초간 자기력망에 가두는 데 성공하였으나, 전세계 주요국이 참여하여 프랑스에 건설중인 국제핵융합 실험로가 2024년 완공되면 기술적 진보가 한층 빨라질 것으로 보인다. 계획대로 십 년 후 인공태양 발전에 성공한다면 엄청난 전기수요를 선점하기 위해 국가와 기업 간에 사활을 건 상용화 경쟁이 시작될 것이다.

핵융합 발전은 핵전자가 합쳐지므로 방사성 폐기물이 발생하지 않는다. 1억도의 플라즈마는 가열중단시 급속도로 냉각되어 폭발사고 위험이 없으며, 석유 대비 천만배 이상 높은 에너지 생산이 가능하여 엄청난 발전 효율을 가진다. 다만, 지구에 핵융합에 필요한 수소는 흔하지만 불행히도 헬륨3는 극소량만 존재하는 문제점이 있다. 다행인 것은 핵융합하는 태양이 태양풍을 통해 우주에 전파한 헬륨3가 대기가 없는 달에 엄청나게 쌓여 있으며, 끊임없이 태양으로부터 공급된다는 점이다.

따라서 핵융합 기술이 가시화되면 핵융합 발전소와 더불어 우주산업도 전성기를 맞이하게 될 것이다. 달에는 1톤당 6조원이 넘는 가치의 헬륨3뿐만 아니라, 중국이 독점하고 있는 희토류도 광대하게 분포되어 있다. 달의 영토는 어느 국가도 소유할 수 없으나 달의 자원은 먼저 채굴하는 회사가 소유할 수 있어, 남극기지 건설과 같은 달기지 건설 붐이 생길 것이다. 또한 채굴 로봇, 우주복, 장비 생산을 위한 3D프린터 등 우주개발에 사용된 기술을 활용한 첨단제품이 출시되어 우리 삶도 더욱 편리하고 풍요로워질 것이다.

세비야는 콜럼버스가 대서양을 통해 항해를 시작한 곳으로, 신대륙 발견 이후 귀중품이 쏟아져 들어오면서 스페인은 유럽 최강국으로 번성할 수 있었다. 그의 업적을 기리듯 고딕양식의 높은 천장과 화려한 스테인드 글라스가 있는 세비야 대성당에는 과거 스페인 4개국의 왕이 어깨로 콜럼버스의 관을 받치고 있다.

대항해를 물심양면으로 지원한 레온과 카스티야 왕은 앞에서 웃으며 관을 들고 있으나, 그를 멸시했던 아라곤, 나바라의 왕은 뒤에서 고개를 숙인 채 관을 받치고 있다. 신기술 개발, 우주 대탐사의 시대에 나는 어느 줄에 서 있을지 궁금해진다.

십년후주식